面對

民進黨菁英的兩岸未來

童振源、李曉莊 ◎ 主編

目錄

專論篇

附錄

序
各抒己見只是樹　觀點聚匯變成林

《面對：民進黨菁英的兩岸未來》一書從規劃到組稿再到成書，前後約半年多時間，加上遇到「九合一選舉」、元旦春節放假以及組稿、預約採訪需時等，算是「倉促」完成。以下便說明《面對：民進黨菁英的兩岸未來》一書的構想。

一、自二〇〇〇年到二〇〇八年，再到二〇一四年十一月二十九日「九合一選舉」，台灣歷經國、民兩黨輪流執政，兩個政黨都體嘗到了「選票冷暖」。面對二〇一六年的台灣大選，民進黨有機會再度執政嗎？倘若民進黨二〇一六年能重新執政，民進黨能處理好與北京的關係嗎？民進黨一直期待的「民共交流」場景能出現嗎？

儘管民進黨已多次調整大陸政策，但是民進黨的整體大陸政策在國際大環境和兩岸關系新形勢下正面臨新的考驗，特別在二〇一六年大選即將到來時，民進黨的大陸政策會備受檢驗。我們策劃出版《面對：民進黨菁英的兩岸未來》一書，便是希望剖析民進黨面對二〇一六年總統大選的兩岸政策思維與可能的轉型。

二、《面對：民進黨菁英的兩岸未來》中的每篇文章都是「個人觀點論述」，不管是學者，還是前任政務官，乃至現任地方首長或民意代表，他們都是從自己的角度，就他們理解的「民進黨與兩岸未來」進行闡釋。這無疑反應了民進黨不同領域菁英對這一問題的「思考」和「定位」。不管是他們自己書寫的文章，還是我們採訪的稿件，都是當事人觀點「原汁原味」呈現。

三、民進黨是個「派系共治」的政黨，我們在組稿時，儘量考慮到民進黨不同派系的觀點。《面對：民進黨菁英的兩岸未來》包括了民進黨目前比較活躍的幾個派系的觀點，如小英系的羅致政；新潮流系的洪奇昌、林濁水與蔡其昌；美麗島系的郭正亮；謝長廷系的謝長廷與姚文智；台灣智庫系的林佳龍、陳博志與鄭麗君等。

此外，幾位立法委員也呈現一方看法，包括高志鵬與邱志偉。還有很多民進黨執政時期的政務官或黨部主管，包括陸委會主委的陳明通與副主委童振源、前外交部研設會主委與副主委的顏建發與劉世忠、前陳水扁總統辨公室主任陳淞山、前民進黨中國事務部主任的顏建發與董立文。最後，還有台灣選舉專家的未來事件交易所執行長洪耀南。

讀者在閱讀本書時，對他們或許有「各說各話」的感覺，他們每個人的觀點也確實有所不同，這恰恰就是民進黨「觀點多元」的體現。「觀點多元」是民進黨的常態，也是「民進黨之所以為民進黨」的重要基礎，讀者可從「多元觀點」中進一步加深對民進黨的瞭解和認識。因為「多元」之中包含著「不變」和「基本共識」。

四、既然把書名稱之為《面對：民進黨菁英的兩岸未來》，就一定要體現民進黨菁英們對「民進黨與兩岸未來」的深刻剖析，相信讀者在閱讀每篇文章時，對作者的用心論述都會有深刻認識。其實，民進黨政治人物乃至學者，對兩岸關係的論述已有很多，但是，像本書這樣系統而全面的論述專著應該是第一本。本書對讀者全貌瞭解民進黨菁英的「兩岸政策」思維絕對是必讀的參考書。當然，我們也希望這是拋磚引玉，讓更多認同或不認同本書觀點的讀者有「進一步討論」的機會。

五、我們相信，對本書感興趣的讀者，基本上都會密切關注兩岸關係發展，《面對：民進黨菁英的兩岸未來》一書，不管從台灣、美國、大陸「大三角」的角度，還是從民進黨、國民黨、共產黨「小三角」的角度，這些論述都具有一定參考價值。本書集合的各種觀點，除了體現當事人的「立場與觀點」外，相信也體現了他們周邊人群的一些「共識」。

六、細心的讀者可能會發現，本書缺少民進黨現任黨主席，也是民進黨二〇一六年大選候選人蔡英文的專訪或者她自己撰寫的文字，這正是本書所遺憾的地方。為了讓讀者能在二〇一六年選前儘早瞭解民進黨的兩岸政策論述，本書選擇在二〇一五年四月份出版。因此，本書未能有充足時間等到蔡主席關於兩岸關係完整論述出台，只能彙整二篇與蔡主席主要兩岸政策發言有關之文章讓讀者參考。

七、既然《面對：民進黨菁英的兩岸未來》闡釋的重點是「民進黨與兩岸未來」，讀者在閱讀此書時也一定會對「民進黨菁英的兩岸政策論述」對「兩岸未來」的影響「各自解讀」。由於本書只是「民進黨菁英的兩岸政策論述」，這樣的「論述」既是「民進黨菁英」的「一家之言」，同時也是「民進黨菁英」的「集體自我表述」，這種表述相信對讀者、對北京、對兩岸關係發展都具有參考價值。

八、《面對：民進黨菁英的兩岸未來》一書雖非民進黨的大陸政策，但民進黨的大陸政策難以擺脫這些菁英的「觀點」和「影響」。故此，大家在閱讀本書每個觀點「之樹」時，也希望能看到全書背後的「森林」。

李曉莊、童振源　謹誌

二〇一五年三月七日

導論

民進黨兩岸政策與兩岸結構性僵局

童振源

民進黨的兩岸政策趨勢與建言

二〇一四年底的九合一選舉，民進黨大勝、國民黨慘敗，奠定民進黨贏得二〇一六年總統大選的重要基礎，同時也十分有利於民進黨立法委員的選情。本書邀請民進黨的派系領袖、直轄市長、立法委員及重要幕僚（很多是前政務官或黨務主管）分析民進黨的兩岸政策走向及建言，作為民進黨討論兩岸政策的參考書，同時也是外界（包括台灣、大陸及國際社會）理解民進黨的兩岸政策思維與可能趨勢的重要資料。

本書的內容分成兩部分，一部分是邀請撰稿，另一部分是採訪稿。撰稿的作者包括十一位：陳博志（前經建會主委、台灣大學經濟系教授）、林濁水（前立法委員）、陳淞山（前陳水扁總統辦公室主任、專欄作家）、董立文（前民進黨中國事務部主任、中央警察大學公共安全學系副教授）、顏建發（前外交部研設會主委、前民進黨中國事務部主任、健行科技大學企業管理學系教授）、洪耀南（未來事件交易所執行長）、郭正亮（前立法委員、中國文化大學國際企業管理研究所副教授）、童振源（前陸委會副主委、政治大學國家發展研究所特聘教授）、劉世忠（前外交部研設會副主委、新台灣國策智庫執行長）、翁明賢（前國安會諮詢委員、淡江大學戰略研究所所長）及羅致政（前外交部研設會主委、民進黨新北市主委、東吳大學政治學系副教授）。

接受採訪的民進黨朋友有九位，分別為：謝長廷（前行政院院長、維新基金會董事長）、洪奇昌（前海基會董事長、台灣產經建研社理事長）、林佳龍（台中市市長）、陳明通（前陸委會主委、台灣大學國家發展研究所教授）、高志鵬立法委員、鄭麗君立法委員、邱志偉立法委員、姚文智立法委員與蔡其昌立法委員。

針對兩岸關係發展與政策，本書將訪談與撰稿內容分成七部分。每位作者都會針對他們熟悉的政策議題分析與提出政策建言，每位受訪者則會盡量回應每個問題，但是採訪者也會針對回應的內容追問或針對受訪者熟悉的議題提問。預擬的撰稿與採訪大綱如下：

一、總體兩岸戰略與政策：面對中國大陸，台灣應該採取什麼樣的總體兩岸戰略與政策因應，既能捍衛台灣整體的國家利益與安全，又能有助於民進黨贏得政權與推動兩岸關係的和解。

二、兩岸交流的立場與政策：面對兩岸交流頻繁，民進黨應該採取什麼樣的兩岸政治、經濟、社會、文化等交流政策。

三、兩岸經濟交流與合作政策：兩岸經濟是否應該採取繼續合作與深化政策？還是應該維持既有政策現狀？還是應該改採限制作法？

四、兩岸政治談判的立場與政策：民進黨對兩岸政治談判應該採取什麼樣的立場與政策？是否應該推動兩岸政治談判？

五、民共互動的立場與政策：民進黨是否應該推動民共互動？需要如何推動才能達成民共互動目標？民進黨執政後，是否應該繼續推動民共互動？民共互動與行政部門的關係應該如何定位？

六、兩岸關係與國際互動：面對台灣的國際處境，民進黨如何權衡兩岸關係與台灣的國際處境？台灣的兩岸關係與外交關係如何定位？兩者是互補關係，還是有優先順序？

七、民進黨兩岸政策前瞻：二〇一四年選舉後，台灣即將在二〇一六年初舉辦總統大選，兩岸政策可能成為選舉的重要議題。民進黨應該採取什麼樣的兩岸政策，才能贏得大選？

不是九合一選舉選勝，民進黨在二〇一六年選舉便占盡優勢，而是整個台灣主流民意對民進黨有利。九合一選舉是地方縣市長選舉，主要的競選議題與氛圍與二〇一六年的總統及立委選舉應該不一樣。但是，民進黨總共贏得十三席縣市長，還有政治盟友柯文哲贏得台北市，是民進黨創黨以來贏得最多的一次選舉。台灣並沒有期中國會選舉，九合一選舉反應台灣民心的向背。

首先，從民進黨的兩岸政策基本立場說起。民進黨從二〇一三年五月至十一月，共召開四次中國事務委員會，從該年七月至十二月，共召開九次對中政策擴大會議（俗稱「華山會議」）。

二〇一四年初，民進黨公布對中政策檢討紀要，回應台灣人民期盼的兩岸穩定與經濟發展，同時堅持兩岸關係發展須經台灣人民同意的核心價值。民進黨總結，台灣的國族認同、統獨態度與兩岸關係發展趨勢與其一九九九年的「台灣前途決議文」立場已經趨於一致，這是該黨的兩岸政策基調。

民進黨強調，台灣是一個主權獨立的國家，國號為中華民國，國家主權獨立現狀之更動必須經由台灣人民公民投票決定。此外，民進黨認為，應該更自信參與包括智庫與執政縣市的兩岸交流、兩岸交流不得傷害台灣的主權與安全；應積極凝聚台灣內部的共識作為兩岸對話的基礎；兩岸協商應謹守民主程序與資訊透明原則；兩岸交流應該促進兩岸自由、民主、人權、生態與公民社會的提升。

民進黨主張，台灣應採取強化優勢、共享利益與平衡發展的經濟戰略，包括兩岸經貿利益應該由全民共享及參與多邊的經貿體系以平衡對外經貿關係。民進黨強調，兩岸公民社會交流應該自由人權與經濟發展並重，發揮台灣促進中國民主化的燈塔效應。民進黨認為，台灣的國家安全戰略應該以外交、國防與兩岸關係均衡並重，強調價值外交（深化民主國家夥伴關係）與強化自我防衛的決心。

睽諸二個月後的太陽花運動的發展，該運動的訴求反應不少民進黨的兩岸政策主張。例如，民進黨主張兩岸協商的民主程序與資訊透明原則，正好反應該運動批判的兩岸協商黑箱作業與權貴政商網絡。民進黨主張兩岸經貿利益應該由全民共享，也回應該運動對國民黨政府執政下的貧富差距擴大、買辦經濟與權貴政商網絡的嚴厲不滿，兩岸交流利益集中在少數財團或權貴。最後，台灣民眾擔心兩岸服貿協議造成台灣國家安全與主權的傷害，也反應在民進黨主張兩岸交流不得傷害台灣的主權與安全。

民進黨在上述幾個政策層面確實獲得民心支持，但是兩岸政策的面向相當廣，台灣民眾不僅希望堅持台灣主體性與民主，也希望兩岸穩定交流與協商，不僅希望兩岸交流利益公平分配，也希望兩岸交流有助於整體經濟繁榮與就業。根據民進黨二〇一三年九月公布的民意調查，對國民黨政府的大陸政策滿意程度，全體受訪者中有二六・三％滿意、五七％不滿意。如果將滿意度減掉不滿意度，可以得出淨滿意度，由此得知，馬政府的大陸政策淨滿意度為負三〇・七％。另一方面，對民進黨的大陸政策滿意程度，全體受訪者中有一七・五％滿意、五三・六％不滿意，民進黨的大陸政策淨滿意度為負三六・一％。

根據民進黨二〇一三年十一月的民意調查，對民進黨兩岸政策認同度，全體受訪者中有二七・三％認同、四八％不認同。如果將認同度減掉不認同度，可以得出淨認同度。民進黨的兩岸政策淨認同度為負二〇・七％。對國民黨兩岸政策認同度，全體受訪者中有三五％認同、五二％不認同。國民黨的兩岸政策淨認同度為負一七％。

根據陳明通在二〇一三年底的民意調查，在被問及「馬英九總統的大陸政策是否符合國家利益？」民調結果顯示，認為「馬英九總統的大陸政策不符合國家利益」者有五〇・五％；認為符合者，只有三二・七％。同樣詢問民眾，「民進黨大陸政策是否符合國家利益？」，認為不符合者為四七・八％；認為符合者為三〇・八％。

根據民進黨在二〇一四年三月上旬所做的民意調查，除了對中國的社會政策之外，台灣民眾對民進黨的兩岸政策各個面向的支持度都比國民黨還低大約十個百分點。整體而言，三五・二％的民眾認為民進黨的兩岸政策與他們比較接近，四一・一％的民眾則認為是國民黨；三四％的民眾認為民進黨的兩岸政策對台灣比較有利，四五・六％的民眾認為是國民黨。

根據新台灣國策智庫在二〇一四年六月十一日公布的民意調查結果，對國民黨的中國政策滿意程度，全體受訪者中有二二・三％滿意、五八・四％不滿意，國民黨的中國政策淨滿意度為負三六・一％。對民進黨的中國政策滿意程度，全體受訪者中有一九・一％滿意、四八・七％不滿意，民進黨的中國政策淨滿意程度為負二九・六％。

總而言之，過去一年半的時間，民進黨的兩岸政策滿意度與淨滿意度大部分略微落後於國民黨。第二，無論民進黨或國民黨，台灣人民對兩黨兩岸政策的滿意度都遠遠低於不滿意度，大概只有一半。這樣的民意結果顯然不認為民進黨的兩岸政策優於國民黨，而且不認為台灣兩個主要政黨能有效地捍衛國家利益。不過，國民黨的兩岸政策優勢已經不再，國、民兩黨的兩岸政策支持度已經差不多。

面對台灣內部、兩岸關係與國際情勢的變化，本書各篇的作者與受訪者分析當前民進黨兩岸政策的走向與提出建議。大致上，大部分的作者與受訪者都同意下列情勢判斷與政策建議：

第一、當前情勢相當有利於民進黨在二〇一六年重返執政。二〇一四年底的九合一選舉反應台灣人民對馬政府的執政不滿，包括不滿意馬總統的兩岸關係政績。

第二、民進黨的兩岸政策基調應該是一九九九年的「台灣前途決議文」，既符合台灣民意，也符合兩岸現狀。

第三、民進黨應該積極建立台灣共識，台灣政府才有實力與大陸交往與談判。

第四、台灣人民對馬政府的傾中行為（凡事以兩岸關係發展為優先考量）感到不滿與不安，因此強調台灣必須均衡兩岸關係與國際關係的發展。

第五、馬政府執政七年的兩岸和平紅利不彰，兩岸經濟交流與開放對台灣經濟發展與人民生活改善沒有顯著成效。

第六、台灣人民不滿兩岸協商的黑箱作業、兩岸交流利益淪落為政商權貴買辦經濟、兩岸經濟交流利益分配不均，因此強調兩岸關係必須透明開放與接受民主監督。

第七、在沒有任何政治前提下，民進黨應該推動民共對話與交流，可以透過民進黨的智庫與執政的縣市與中共對話，建立雙方互信與達成新共識。

第八、民進黨執政，應該會延續過去的兩岸協商機制與接受既有協議，並持續進行兩岸對話與談判。

第九、在兩岸交流過程當中，民進黨應該推動民主、人權、生態與公民社會等價值，促進大陸的正面發展，有助於解決兩岸問題。

本書大部分作者與受訪者判斷，國民黨在二〇一六年不敢再打兩岸牌與經濟牌；就算國民黨再打這兩張牌，也不靈，對民進黨沒有太大殺傷力，甚至可能是民進黨的優勢。不過，謝長廷、童振源、陳淞山認為兩岸關係仍是國民黨的強項，只是國民黨的優勢已經大幅衰退，羅致政認為民進黨應該去除「逢中必反」的民眾印象，邁向執政的最後一哩路。無論如何，大家的判斷仍認為民進黨候選人應該還是可以贏得二〇一六年的總統大選。

幾位作者都提出民進黨考量兩岸政策的三個面向：台灣、大陸與美國。謝長廷與童振源都認為民進黨的兩岸政策必須讓台灣人民滿意、美國接受、中國大陸忍受，而且最好在台灣能獲得六〇%以上的支持度才能有實力與大陸談判、才能穩定兩岸關係與捍衛台灣的國家利益。林佳龍提出，民進黨兩岸政策必須讓台灣人民可以信任、國際能夠支持、中國大陸願意進行對話與談判的空間，而且希望民進黨候選人至少獲得五五%的民意支持度才穩定選情。

翁明賢強調，考量維繫台海和平穩定發展的重要性，民進黨勢必在戰略上：如何讓中國願意與民進黨交往；在國際上：讓亞太利益攸關者，放心民進黨的重新執政；在政策上：如何延續兩岸既有機制與交流成果，擴大範疇並深入有新的作為。董立文提出，民進黨的政策必須建立在國內共識與國際信賴的基礎上。洪耀南強調，民進黨的政策必須讓台灣人民安心、美國與中國大陸不用擔心。

也就是說，台灣的兩岸政策必須兼顧理想、現實、法理、情感與歷史。兩岸彼此的政策立場差異太大，而且兩岸實力差異懸殊，所以台灣政府必須找到一個「雖不滿意、但能夠接受」的兩岸互動與和解過程的方案。例如，洪奇昌便坦率地說，台灣作為一個小國，要的是裡子，面子可以給大陸。蔡其昌也說，民進黨應該誠實與務實地找到對台灣最有利的角度，和中國大陸相處生存之道。姚文智則提醒，民進黨的兩岸政策應該採取務實立場與降低兩岸風險，不要觸碰法理台獨，讓台灣經濟得以發展。

更具體而言，謝長廷、洪奇昌、蔡其昌、童振源、洪耀南都倡議民進黨的兩岸政策應該建立在中華民國憲法與體制的基礎上，亦即在「台灣就是中華民國，中華民國是台灣」的兩岸現狀基礎上推動兩岸關係。洪奇昌與童振源甚至建議，民進黨應該通過「中華民國決議文」，極大化民進黨的社會支持度與國內共識。蔡其昌指出，現在民進黨在捍衛中華民國主權存在，願意在中華民國架構下推動兩岸關係，反而國民黨表面喊中華民國，實質已經棄守中華民國。

謝長廷的完整建議包括：憲法各表、兩岸兩憲、特殊關係。也就是說，中華民國統治台灣，中共統治大陸，國號稱「中華人民共和國」。兩岸有兩部憲法，兩岸互不隸屬，但有特別關係。謝長廷的主張至今大陸沒有反對、但也沒有公開接受，但至少是可以忍受的，而且有妥協為兩岸共識的空間，因為大陸還願意與謝長廷進行對話。

洪奇昌建議，中華民國是台灣社會的最大共識，期待民進黨能孕育「中華民國決議文」的政策。他期待民進黨能表述，若二〇一六年「執政後，將不追求台灣法理獨立」。而且，他建議，在民進黨總統候選人確定之後，民進黨應該透過有效管道與中國大陸及美國進行預防性磋商，以便建立民共互信與共識，進而穩定兩岸關係的發展。

陳明通建議，民進黨的兩岸政策應該平衡台灣內部、東亞區域及國際（特別是中美主導的國際結構）三個層面，建構新的平衡策略。陳明通認為，陳水扁總統的四不一沒有[1]與馬英九總統的不統政策都是平衡三個層面的政策代表作。董立文主張，民進黨兩岸政策調整的前提是要獲得國際社會的信任。劉世忠評估，從台美的關係來看，美國會要求民進黨提供「戰略再確保」。他建議，民進黨的兩岸政策不要反中，應該維持兩岸政策立場一致性，要增加民共對話以增進雙方互信，才能獲得美國的支持。

林佳龍指出，中國崛起帶給台灣機會與挑戰，他建議「雙E」戰略回應，亦即交往與擴大（Engagement and Enlargement），在兩岸相互尊重與平等的基礎上，在台灣內部共識的基礎上，在全球化的架構下進行兩岸交往，並擴大交往的對象與範圍。他具體提出民進黨兩岸政策的三支箭：經濟上，利用全球化與次區域化，特別是強化地方政府在兩岸經濟交流中的自主性與積極性；安全上，參與緊密嵌合在亞太民主社群為主導的區域戰略架構；政治上，發揮民主、自由、開放的基本價值與軟實力，與包括中國大陸在內的國家與民間社會積極往來。

陳博志強調，台灣人民對於最終目標是有高度共識，亦即自由、民主、繁榮和尊嚴，統獨不是台灣人民的最終目標；台灣人民對於解決兩岸問題的程序亦有高度共識，亦即必須是和平而且得到台灣二千三百萬人的同意。台灣內部有爭議的僅是一些中間的策略。因此，他建議民進黨及其他政黨的兩岸政策都應以確保這兩大共識為基礎與目標，再透過理性與相互尊重的方式凝聚中間策略的共識。具體而言，他建議民進黨的兩岸政策應該採取平衡政策，平衡兩岸經濟與國際經濟、國內改革與對外開放、兩岸合作與兩岸競爭、兩岸交往與民主人權、發揮優勢與照顧弱勢、兩岸協商與監督透明。

羅致政指出，目前民共沒有政治互信基礎，而且台灣內部民意趨向台灣認同與反對統一。在這些情勢之下，他建議，在戰略上，民進黨應該「以時間換取空間」，在戰術上，則可以考慮採取更自信、更主動、更具創意的做法，來面對與進行兩岸的各種交流。更具體而言，他強調，民進黨應該建構兩岸交流平台，透過民共交流建立兩岸互動模式。他主張，在政治上，民進黨應該平衡大陸與外交政策；在經濟上，台灣應該減少對大陸的經濟依賴，需要做好對外經濟開放的決心與準備；在社會上，台灣應該改變兩岸交流的方向，影響大陸對台灣的看法與認知。

童振源強調，民進黨的兩岸政策有三個目標：贏得總統大選執政、建構國會多數穩定施政、推動兩岸關係的穩定與和解。要達成這三項政策目標，民進黨的兩岸政策必須遵循三項原則：讓台灣人民滿意、美國接受與大陸忍受。在這三項目標與三項原則的基礎上，他提出四項政策建議：第一，凍結台獨黨綱與通過中華民國決議文；第二，朝野簽署「國家前途民主決定公約」與推動在總統府之下成立兩岸和平發展委員會；第三，推動「憲法各表」作為兩岸關係發展的兩岸共識；第四，以「民主中國」與「華人認同」搭建和平與發展的兩岸社會橋樑。

翁明賢從建構主義的身分認同提出，兩岸應該找到共同認同的身分逐漸邁向合作與和解。他建議，在「遠親近鄰」組建「共同家園」的思考下，採取「積極交往、擴大層級、分散風險、創造利基」的原則下，透過「嵌入式」（兩岸安全關係嵌入亞太整體安全利益）與「融入式」（兩岸經濟整合融入中國與全球經貿）、「整合式」（深化兩岸社會交流進而整合全球華人社會）途徑，參與中國的各項發展。翁明賢與顏建發都倡議，民進黨應該善用中華文化作為兩岸和解的認同基礎。

事實上，兩岸關係不是由民進黨的兩岸政策決定，也不是由台灣單方面決定，而是由台灣民意、兩岸關係與國際情勢共同決定。從宏觀的角度來看，兩岸關係是一種動態互動過程，這過程包括台灣內部的國、民兩黨互動，也牽涉到兩岸的國、共兩黨及民、共兩黨互動，當然也牽涉到台灣、大陸與美國的大三角互動。接下來，本文再探討兩岸關係發展的結構性問題，以釐清當前兩岸關係發展的困境，提供給兩岸三個主要政黨參考。

兩岸三黨調整立場與政策、突破兩岸結構性僵局

兩岸關係發展已經停滯一年多，馬總統剩下的一年多任期要有所突破不是太樂觀。二〇一六年總統選舉後又是新的局面，但是要根本改變當前兩岸對抗局面，轉向兩岸合作與和解幾乎不可能，兩岸對抗情勢甚至可能惡化。國民共三黨都應該檢討兩岸關係的結構性問題，而不是拘泥於言辭交鋒或表面現象。

過去七年，兩岸關係有些表象緩和，但是從來沒有停止實質對抗。馬總統上台後以「九二共識、各自表述」、民族情感（認同中華民族）及自我克制的主權行為（例如不提出參與聯合國或定位兩岸關係為非國與國關係）等作法，換取大陸的善意回應，不挖角台灣的邦交國、擴大台灣的國際參與、維持兩岸協商的緩和氣氛與穩定關係、適度提供經濟利益的讓利作法。

然而，台灣民眾對於國民黨的作法與兩岸關係的發展成果並不買帳，目前滿意馬政府兩岸政策的民意大約只有兩成多。台灣的邦交國本來就只是象徵意義，一般老百姓不會太在乎，但是大陸挖角台灣的邦交國卻會增加台灣人民對大陸的敵意。在國際參與方面，台灣只能以一次性觀察員與賓客身分參與世界衛生大會與國際民航組織，不僅委曲求全，而且難以有效捍衛台灣的權益。

在區域經濟整合協議方面，亞太地區的經濟整合體制發展迅猛，亞太各國都積極參與《跨太平洋戰略經濟夥伴關係協議》（TPP）與《全面經濟夥伴關係協議》（RCEP）的協商，但台灣卻持續被孤立在外。過去七年，台灣僅增加與紐西蘭及新加坡簽署經濟整合協議，但這兩個國家僅占台灣對外貿易總額的三・八％，無助於根本性或有感化解台灣面對區域經濟邊緣化的困境。

兩岸協商提供緩和氣氛與穩定關係，但是缺乏台灣內部共識支持下，兩岸協商始終只能在比較沒有爭議的功能性議題達成協議。即使是經濟議題，涉及到全方位開放的兩岸服務貿易協議與貨品貿易協議都會挑起台灣經濟自主與主權安全的敏感神經，難以在國會通過。台灣片面開放的大陸投資與人才流動，成效相當不彰，因為開放幅度有限與配套措施不足，存在同樣的顧慮。

在經濟讓利部分，大陸明顯的統戰做法提高台灣民眾的警覺性，沖銷了大陸對台灣經濟讓利的政治效益。而且，大陸經濟發展對台灣民眾造成的競爭壓力與兩岸經濟交流的所得分配效果，讓台灣民眾懷疑大陸只是在輸送利益給特定的政商權貴集團，而不是一般大眾。這是一種大陸給國民黨特權的買辦經濟，不是公平競爭的資本主義。

總而言之，兩岸關係的和平紅利既不顯著，也沒有受到一般大眾的認可。現在大陸強調三中一青的政策，著眼於中小企業、中南部民眾、中下階層民眾及青年，但卻忽略如何化解兩岸關係的結構性問題，難以讓兩岸關係從對抗的陰霾走向合作的起點。

更具體而言，大陸的對台政策建立在幾項手段上：軍事威脅、外交圍堵、民族大義、分化台灣、經濟利誘。大陸不承認中華民國的存在，更反對台灣主權獨立，認為台灣參與國際社會便是實踐台灣獨立。所以，大陸對台灣的軍事威脅與外交圍堵等同於在威脅台灣的存在與發展（國際參與），導致台灣人民對大陸的敵意愈來愈強。

馬政府的戰略是希望兩岸和解效果能帶來台灣經濟利益與促進台灣的國際參與，然而前者的利益分配效果與政商權貴糾結無法讓台灣民眾支持，後者的成效相當有限，也讓大部分人民無感或失望。要進一步化解兩岸對抗需要兩岸政治談判，但是馬政府無法建構國內共識，導致沒有立場與實力進行兩岸政治協商，造成兩岸發展陷入僵局與停滯。

對民進黨而言，馬政府內政失能提供民進黨贏得二〇一六年總統大選的最大優勢，但是兩岸關係並不是民進黨的強項。過去幾次民調，對馬政府兩岸政策的滿意度大約二成出頭，但對民進黨兩岸政策的滿意度卻不到兩成。根據民進黨在去（二〇一四）年三月上旬所做的民意調查，除了對中國的社會政策之外，台灣民眾對民進黨的兩岸政策六個面向（包括整體兩岸政策）的支持度都比國民黨還低大約十個百分點。

然而，民進黨目前調整兩岸政策的動力相當小。首先，馬總統的支持度與兩岸政策滿意度相當低，所以民進黨朋友認為不需要調整兩岸政策便可以贏得總統大選。其次，民共沒有互信，民進黨朋友擔心調整兩岸政策而對大陸讓步可能造成進退失據與得不償失。第三，國民黨已經與大陸互動十年，已有默契與互信，即使民進黨調整政策到國民黨的程度，大陸仍然會在二〇一六年選舉支持國民黨。最後，二〇一六年的兩合一選舉將限制民進黨總統候選人的政策調整空間，因為中南部民進黨立委的支持者比較傾向傳統台獨的支持者，這些民進黨立委將反對該黨總統候選人大幅修正兩岸政策。

如果民進黨沒有顯著調整兩岸政策而贏得二〇一六年總統大選，台灣內部的朝野對峙（很可能是朝小野大）與兩岸對抗的大格局不會改變。台灣內部的對立與國際的孤立將進一步削弱台灣經濟發展的前景與國家的實力。中國不是台灣的國際參與（包括區域經濟整合）的唯一障礙，但卻是主要障礙，民進黨執政後還是很難繞開中國而達成國際參與的目的。再者，兩岸軍事對抗將讓台灣持續耗費龐大軍費，嚴重排擠經濟發展與社會福利的資源。

再來討論大陸面對的兩岸局勢。過去幾年，大陸不斷強調兩岸應以九二共識、反對台獨、一個中國框架為基礎，建構兩岸和平發展框架。然而，民進黨可能在二〇一六年執政，讓大陸構築的所謂「兩岸和平發展框架」可能崩解，將對中共總書記習近平造成極大挑戰。面對未來變局的挑戰，大陸應該建立民共的實質溝通管道與主動解決台灣的國際參與問題。

過去七年，兩岸頻繁互動，簽署二十一項協議，外交衝突略為緩和，口頭的軍事威脅減少。然而，兩岸關係緩和的政治基礎非常薄弱，只是各說各話的「九二共識、各自表述」：台灣認為九二共識是一個中國、各自表述，大陸則認為兩岸都接受一個中國原則、反對台獨。

由於缺乏堅實的政治基礎，兩岸始終只能在經貿議題對話，無法擴及到政治議題。一旦觸及到政治議題，兩岸的政治定位便須釐清，大陸會要求台灣明確接受一中原則、反對台獨，並以此檢驗台灣政府的政策與作為，以強化兩岸政治互信。這是台灣人民與政府無法接受的底線，但卻是大陸對兩岸政治談判的起點。

從二〇〇二年開始，前中共總書記胡錦濤積極推動兩岸在一個中國原則的九二共識基礎上，建立兩岸和平發展框架。在二〇〇八年馬總統上任後，兩岸都同意在「九二共識、各自表述」基礎上推動協商，並簽署多項功能性協議。然而，兩岸協商始終侷限在功能性議題，無法突破到政治議題，導致兩岸的政治與軍事衝突無法實質減緩，台灣的國際參與突破也極為侷限。

習近平在二〇一二年底接班之後，兩岸關係發展陷入停滯的情勢更加明顯。兩岸不僅無法針對國際參與與軍事衝突進行對話與妥協，而且兩岸經濟快速開放引發台灣人民的焦慮不安。根據去（二〇一四）年三月的台灣指標民調，台灣剛好一半的受訪者認為，兩岸服貿協議對台灣主權與國安的效應是弊大於利。既有的兩岸經貿協商已經面臨瓶頸，兩岸政治協商也難以推動。

在馬總統執政的七年，台灣認同與反對統一的台灣民意高漲，增加速度比民進黨政府時期還要快速，讓大陸難以理解與接受。對習近平更大的挑戰是，民進黨很可能贏得二〇一六年總統大選。如果民進黨沒有調整兩岸政策而贏得大選，由胡錦濤花十年時間建構的所謂「兩岸和平發展框架」將可能崩解，會對習近平造成極大壓力，習近平會被要求承擔這項責任而成為黨內權力鬥爭的標的，不利於中共政權的穩定。

要突破當前的兩岸關係結構性僵局，建構真正的和平發展架構，三黨都必須調整立場與政策，從互動建立互信，從累積互信達成互諒與和解。對國民黨而言，馬政府一定要謙卑有耐心建立國內與朝野共識，才有機會在未來一年於兩岸關係有所建樹。對民進黨而言，凍結台獨黨綱與通過中華民國決議文，是建立國內共識與啟動民共互動的關鍵基礎，更有助於擴大民意支持。對中共而言，必須建立與民進黨的實質對話管道與主動提出台灣國際參與的模式，才能降低兩岸對抗與擴大兩岸合作的可能性，讓兩岸關係發展形成良性循環，奠定兩岸和平發展架構的基礎。

1 陳水扁總統在二〇〇〇年就職演說強調：「只要中共無意對台動武，本人保證在任期之內，不會宣佈獨立，不會更改國號，不會推動兩國論入憲，不會推動改變現狀的統獨公投，也沒有廢除國統綱領與國統會的問題。」

專訪篇

兩岸關係上立場要堅定

邱志偉

1972年7月24日出生，高雄人，民主進步黨黨籍，國立中山大學博士，國立台灣大學和淡江大學雙碩士，南華大學助理教授，被稱為「少年博士」，2007年起擔任高雄縣民政處長，2010年擔任高雄市民政局長。2011年3月21日邱志偉辭去民政局長職位，全力投入2012年中華民國立法委員選舉。同年4月，邱志偉獲民主進步黨徵召，代表民進黨參選2012年立法委員選舉高雄市立委第二選區／大岡山選區，對上國民黨的四連霸立委林益世，並順利當選。

二〇一二年當選高雄市立委、屬於民進黨青壯世代的邱志偉對兩岸事務並不陌生。接觸兩岸事務已有二十年的資歷。他認為，和中國大陸交往，立場必須要堅定，不能動搖。邱志偉也預期，若二〇一六民進黨執政後，兩岸關係將面臨一個「穩定的停滯期」。至於民進黨在兩岸事務的規劃，他建議，民進黨應該要有一個整體性的事務小組，國會也要有立委針對兩岸事務進行長期的關注和研究。以下為訪談內容：

從先前求學以來，我參訪過中國大陸三十餘次，主攻的是中國研究，對中國大陸並不會太陌生。最早一次訪問中國，是在一九九五年。從一九九五年至今，從中國涉台部門、統戰部、國安部、智庫等，我都曾經接觸過，尤其在二〇〇〇年民進黨執政前，接觸次數較多。

民進黨執政後期，我轉任到高雄市去服務，相對較少直接參與兩岸關係的活動，或關心兩岸關係。從一九九五年到二〇〇四年這十年，我訪問中國大陸次數較多。先前，我在國立中山大學攻讀的博士論文，就是針對中共對台政策分析、兩岸關係變化、中國國際戰略等議題進行研究。因此，不管中共的黨內組織、政策沿革演變，或兩岸關係的互動，我都有一定程度的關心和參與。

但轉任到地方政府體系後，較少關注兩岸關係。主要是工作上，沒有處理兩岸關係的急迫性跟必要性。但當上立法委員後，我的立場很清楚，即是確保台灣主權、建構正常兩國關係。在幾次和中共涉台學者的研討會上，這個立場我毫無避諱公開討論。

兩岸關係已達深水區

我認為，立場不能動搖，並要堅定。這是策略跟戰術差別。策略需要穩定，戰術則能彈性運用。如何務實運用，端視於角色變化。例如：在地方政府服務期間，我比較關心如何進行城市行銷，從中國大陸獲得產業協助。但當幕僚和當立委又有不太一樣的視角。當幕僚可以從學術面做研究，當立委不只是學術面，更多程度要思考現實面問題。但基本上，戰略是不會改變、立場不能動搖。

我認為，當前的兩岸關係已經到了一個深水區，或者相對比較困難的時期。現階段，可以解決的兩岸事務就處理；現在沒有辦法解決的問題，恐怕過十年也沒辦法解決。我預期兩岸關係會有一個「穩定的停滯期」。

兩岸的實務交流已經很熱絡了。過去七年來，馬英九積極開放和中國的交流。無論是陸生來台、陸資、陸客等人員流動的管制鬆綁、資金管制寬鬆、法律管制放鬆，連生產要素也放寬，對中國的管制已基本取消的差不多。現在不能取消的，就是不能取消。這些無法取消的管制，國民黨政府做不到的，即便民進黨重返執政，也只能維持現狀，很難進行新的突破。

因此，問題到了民進黨面前，放寬兩岸管制已經到了一個瓶頸。民進黨即便執政，仍可以保持當前的開放狀況，最起碼要讓中國認為，兩岸政策不會翻轉或影響兩岸的結構。只是在事情的輕重緩急、優先順序上，做一些調整。

兩岸交流重品質

和中國交往是國際趨勢，台灣或民進黨不能置外於這個大潮流。但是很多事情有輕重緩急，不用一頭熱，全面打光台灣手上的籌碼。台灣和中國交流是一個大方向。但交流的速度可以慢下來一些；交流的方式、交流的效率和品質更至關重要。

馬英九總統這幾年來，似乎給人的印象是「逢中就好」，而把民進黨打成「逢中必反」。民進黨要思考如何在這兩者中間取得妥協。台灣民眾疑慮，馬英九太過傾中。傾中是一種感覺，是一種慢慢形成的氛圍。尤其在台灣南部更明顯。提到馬英九，民眾就說他「傾中」，導致形塑這種社會氛圍。

事實上，我們可以從更科學化的角度、從量跟質的變化去討論馬政府是否過於傾中？和韓國及日本做比較，去觀察過去十年台灣跟中國關係的變化，無論從貿易、社會交流、人民交流，都出現一些證據直指，台灣的確比其他國家更依賴中國。這樣的狀況好或壞？從國家安全角度來說，這當然不好。特別是中共對台灣主權有企圖時，台灣還一窩蜂去靠近中國，當然對台灣帶來很大的國家安全風險。

因此，若民進黨重返執政，在兩岸政治接觸上，最起碼會更站在台灣主流民意這一邊。台灣的主流民意識就是不想和中國靠得太近、走得太快；在國家安全大原則下，進行穩健交流，而非一窩蜂交流、不管是非、不管安全的交流。

縱使馬英九做了很多事情，他的民調滿意度如此低，可能是台灣民眾對馬英九大陸政策的反彈。但兩岸政策開放是少部分資本家有感，民眾並沒有直接感受。因為，兩岸開放，所得有增加者集中在少數，平均是沒有增加，反而讓台灣的國家安全暴露到更多風險。

所以，兩岸關係未必是民進黨的罩門或弱點。馬英九執政之前，兩岸關係因中國的刻意杯葛而停滯不停；馬英九執政後，中國積極做球給馬政府，造成過去七年來台灣的過度傾中。二〇一二年，馬英九成功連任當時，對於兩岸關係，台灣民眾尚未感受到強烈的傾中氣氛。若當時蔡英文贏得執政權，台灣民眾會疑慮，是否會把先前的開放全盤否定，和中國的關係又回到原點，導致好不容易好轉的兩岸關係造成很大的變化。所以，二〇一二年國民黨打「恐嚇牌」很有用，同時又在「紅色資本家」的加持下，又有一定效果。但如今，再找王雪紅、郭台銘出來助陣有用嗎？二〇一四年九合一地方選舉中，郭台銘輔選的候選人全部落選。因此，同樣的戰術若運用在二〇一六年，都會失效，變成負面作用。

兩岸關係將成民進黨優勢

在此情況下，台灣民眾是最能信任民進黨，希望民進黨可以導正過去過於「傾中」的兩岸關係。所以，過去以來，兩岸關係是民進黨的弱點。未來可能會變成優勢。

對高雄的很多選民而言，他們認知的兩岸關係就是「一邊一國」，台灣和中國互不隸屬，台灣是一個主權獨立國家。這是南部的一般社會氛圍，無論是小孩子或年長一輩，都有這種共同觀點。兩岸越交流，越感受到「老共是不值得我們信任的」；越交流，越清楚認知到彼此的差異。

難道這七年，兩岸開放交流還不夠嗎？為什麼支持馬政府的大陸政策反而越來越低，支持獨立反而越高？理論上，中共的「入島、入心」若策略正確，台灣支持統一的人會越來越多。但為何事實剛好相反，質疑的人越來越多？

台灣主權獨立和中國交流是兩件事。台灣是主權獨立國家，跟中國是不同國家。因此，沒有統一問題。統獨是假議題。尤其，現在台灣年輕人很清楚，台灣主權獨立沒有任何爭議。尤其，二、三十歲這一代年輕人更瞭解，台灣就是主權獨立國家，而不是中國一部分。現在民進黨討論的是，如何確定台灣主權情形下，去和中國交流，這需要進行政策規劃。就如同其他國家一樣，日本或韓國又如何規劃其中國政策。民進黨應該從「正常國家角度」去和中國交往。

若民進黨重返執政，中共又像陳水扁執政期間，在外交上對台灣打壓，反而得到更多台灣民眾的反感。台灣邦交國有二十一個和十八個有什麼差別嗎？中共若真的要做，即便把台灣的邦交國殺到只剩下一個，又如何呢？台灣依舊是一個主權獨立國家，在國際法上，仍然具備土地、人民、主權等條件。國際承認是國際法上的認識。但台灣即便沒有國際承認還是一個國家。

兩岸政治問題靠時間處理

二〇一六年，假設民進黨重返執政，民進黨在處理兩岸問題時，不會有被質疑賣台的問題。和中國交流的最高官員，就是中華民國國家領導人，民進黨要表達這個想法。中共當然要求「一個中國」、「九二共識」前提下進行交流。因此，這部分民進黨應該要做沙盤推演，模擬各種和中共交流的方式。經濟交流已經到了一個高原期，因此，大概不會有太劇烈變化，較少有促進作用和效果。所以，兩岸經貿關係不需要再去進一步政策規劃，最多只能做保護台商的工作。社會和人民交流也開放夠多了。許多兩岸互動和交流，過去七年來，經濟問題該處理的，都已都處理掉，馬政府都做得差不多了。現在就剩下政治問題，政治問題最後仍得靠時間處理，但民進黨政府短期內也不會討論到兩岸政治議題，最多就保持現狀。

而且，民進黨執政後，中共一定會調整對台策略。中共是「逢民（進黨）必反」，民進黨被認為「逢中必反」。因此，雙方勢必要有所調整。最起碼，民進黨要了解中國、多關心兩岸關係。現在最大的落差是，新生代的民進黨政治人物少有人對兩岸關係有全盤的認識。但受限單一選區制度，讓立法委員更重視地方議題。兩岸關係這種高層次議題，反而較少有時間進行全面關照，這是一個危機。現在兩岸政策班底都是過去留下來的，較少有新生代人物。

過去，前民進黨立法委員林濁水在國會裡還有進行討論。但現在還有誰能有代表性？而且不分區立委也缺乏對中國政策有非常專精的人物。既然是一個重大議題，應該要有一個專業小組進行長期觀察和因應。民進黨應該要多培養年輕人，而不只是舉辦研討會就結束了。民進黨中常會底下要設中國事務小組，整合黨、立院黨團、學者，長期研究觀察中國和兩岸事務。

在野期間，中國事務部應該是最重要的部門。但現在並未發揮到中國事務委員會如此重要的角色。執政後，當然政策規劃工作回到行政院陸委會，回到總統府的國安會做處理，民進黨的中國事務委員會會虛弱化。在執政前，在野時期這個組織應該成為中心。但如今卻沒人熱心參與，過去沒有選舉的期間也是如此。現在，民進黨立委有誰對兩岸關係可以提出完整論述？

整體上，和中國關係的處理應該是台灣整體對外戰略其中一個重要部分。就像對美國、對日關係一樣。但如今，馬英九把對中關係凌駕於所有對外關係之上。因此，民進黨執政後，假設要調整，應當是調整整體的對外關係，把中國、美國、日本的關係涵蓋在內，無須側重個別一邊的關係。

至於二〇一二年當時國民黨主打的兩岸牌是否會在二〇一六年繼續發酵，我認為，這種影響將會弱化。當前，台灣的年輕世代對中國早已定性又定調，不太可能翻轉。這些年輕人已經不是「不喜歡」，而是「討厭」。不喜歡可能還能處理；但「討厭」就是「你再怎樣跟我對話，我就是不理你」。然而，大多數的台灣民眾仍希望台灣走中間路線，不希望民進黨太傾中，但也不要完全和中國拒絕接觸。因此，這對民進黨走中間路線不會有壓力。

對中政策的核心
在「交往與擴大」

林佳龍

1964年2月13日出生，出生於台北市萬華。國立台灣大學政治系、台大政治所碩士、美國耶魯大學政治學博士。野百和學運世代。1995年，接受美國福特基金會的邀請，陸續前往北京、天津、上海、南京、武漢等大城市，進行「村自治與基層選舉」調查。歸國後，任教於國立中正大學政治系。在民進黨政府時期，曾任總統府副秘書長、民進黨秘書長、行政院新聞局長、行政院顧問兼發言人、國家安全會議諮詢委員、立法委員、國立中正大學和國立台中技術學院政治學系助理教授等職。2014台中市第二屆市長選舉，以84.72萬票、21萬的差距，擊敗擔任市長達13年的胡志強，當選台中市市長。

中國崛起給台灣帶來了機會，但同樣也增加了挑戰。我認為，民進黨的中國戰略應該在經濟上，利用全球化與次區域化；在安全上，透過緊密嵌合在亞太民主社群為主導的區域戰略架構；在政治上，發揮民主、自由、開放的基本價值與軟實力，與包括中國大陸在內的國家與民間社會積極往來。這就是對中政策的三支箭。

這三支箭的核心精神，就是「Engagement and Enlargement（交往與擴大）」，稱為「雙E」。我們必須交往，不可能迴避。交往的思考點，則需要在全球的框架下處理，並擴大交往的對象與範圍，不管這是在經濟發展、安全戰略或是政治互動上。

對話與交往是為了拉近距離

此外，為了使兩岸互動能永續進行，有兩點必須要特別注意：

第一，是交往必須以尊重彼此立場與相互平等為出發點，任一方均不應將自身的意願強加在對方身上。因此，設下對方要先改變自己以作為展開交往與對話的前提對於促進對話於事無補，因為對話與交往就是為了將距離拉近而進行的，更是為了在沒有互信時建構互信。因此，要求先遵守某些原則才能展開對話以建立互信並不務實，畢竟就是在沒有互信時才最需要發展對話以增進互信。

第二，台灣所有的兩岸政策如要能永續發展，國內都須先有共識。單方面與外界達成共識，但缺乏民眾的支持，往往是無法成功的。過去的美牛議題，以及「九二共識」在台灣內部充滿爭議的歷史，足堪殷鑑。

兩岸交流在範圍與層次上，日趨密切，事屬自然，民進黨無須迴避。國家安全與主權的原則必須力守，但也要以彈性務實的態度面對問題。

現在兩岸政府的主流關切都集中在經濟與政治。但民間的關心遠比官方的政經論述更為多樣與豐富多元。舉凡在環境議題、創業經濟、依法治理、普世價值、人權關切、網路環境的經營與相關的自由議題、對宗教經驗的看法等，都不是兩岸官方能夠控制與處理的。限縮交流議題的範圍，甚至政治化，是沒有必要的。

不論是民進黨、國民黨還是共產黨，對於兩岸議題與交流，如能放在人民的本位思考，許多爭議自然會迎刃而解。政治控制或想導向某種目標的作為並不健康。既然人員往來已經這麼多，就應該根據人民的需要，並以兩岸彼此相互尊重的方式進行。

我主張，民進黨對於兩岸交流的態度可採取開放的心胸。我們對民進黨信仰的普世價值要有信心。國安與主權的原則當然要固守，在具體的操作上無須被既有的框架所限制。民進黨無須被國共所設下的框框，主宰自己的大陸政策想像。接觸的範圍可以廣些，交往討論的議題可有更多的選擇。我們期待，可以增進理解並解決問題的交流，而不是徒增誤會，放大問題的互動。

全球化視野下思考兩岸經濟競合關係

面對兩岸經濟，須從經濟全球化的角度思考，並以台灣經濟發展的戰略前瞻為規範，思考中國在台灣經濟發展過程所扮演的角色。所謂合作、深化、維持現狀或是改採限制等的區分，往往失之簡化。面對兩岸經濟高密度鑲嵌的現狀，經濟政策就不能用單一語言一概而論。

中國大陸固然安穩度過二〇〇八的金融海嘯，但四兆人民幣的貨幣與信用寬鬆政策卻也帶來許多後遺症，現在的經濟政策就是意圖要處理這些經濟發展的嚴重失衡問題。雖然，中國大陸依然是世界最大的製造業中心，但與歐美的市場爭議日烈，其在世貿組織的反傾銷指控已累積不少案件。國際要求大陸開放自身市場的壓力更是一波強過一波。而過去被指控嚴重低估的人民幣匯率，在美國從二〇〇九以後連續三次貨幣寬鬆政策後，其與美元的匯率也已出現巨幅調整。加上大陸自己內部的勞動成本在連續三十年的高度經濟成長下也大幅上揚。

凡此種種，使中國大陸無法藉由低廉的成本與勞動力以出口競爭取勝。不少大陸有識之士也提出向市場經濟改革的主張。二〇一三年中共三中全會就對此提出不少改革主張，包括城鎮化、以及種種擴大內需的措施等。原先上海自貿區的提出，也被認為是意圖以外在壓力倒逼朝向自由化的改革。不管一年下來的成果是否合乎預期，但中國大陸的經濟結構的確是面臨一個需要變革的十字路口。習近平在去年提到中國經濟從超高成長期進入到中高成長期的「新常態」，也是某種程度反應了這個現實。凡此種種，使得我們不能以十年前的圖像看待今天中國的經濟現實。

這些發展也導致台商在中國的經營環境出現巨幅變化。往昔是在中國台商大宗的製造業，現在普遍遇到經營困難的狀況。有的走向內陸的三線城市，有的轉向東南亞。這些改變都非十年前可以預料得到的。同樣的，兩岸在某些過去存在合作態勢的產業，現在卻上演競爭關係，而有的新興領域卻存在兩岸互通有無的合作空間。想想看，十年前台灣還在談積極利用兩岸生產製造業的鏈結，但今天已經完全不是這麼回事了。這些發展都使得兩岸經濟現狀的經營與管理變得更複雜。

兩岸經濟關係現階段的重點，特別是從台商的角度而言，是要先建立一個公平、透明、合理的經營環境。遊戲規則清楚明確，降低人為干預的色彩，落實依法而治的精神來處理私人以及民對官的商業爭端。在各產業領域，不要為了政治目的而掩蓋爭議。

此外，兩岸經濟也不存在誰對誰讓利的問題。二十年前台商利用中國大陸低廉的土地與勞動成本賺取不少外匯，但也相對提供中國與世界產銷整合的金脈、人脈與物流網絡，更支撐中國數千萬的工作機會，為中國大陸過去二十年的經濟成長作出重大貢獻。這基本上是個互利合作的過程，大家都得到發展的紅利，不是誰對誰爭利與讓利的問題。我主張對產業間可以合作的機會盡量掌握，但面對競爭也無須迴避，畢竟習近平主席也說過，兩岸要能「妥善管控分歧」，因此兩岸產業根據經濟邏輯自然存在的合作與競爭，就應該遵循自由市場經濟邏輯以妥善面對，過度的政治介入往往會破壞可能合作的契機。

此外，談現在的兩岸經濟，我們必須思考現在所產生的新的行為者：地方縣市政府。中國之所以其經濟發展可以迅猛推進，就是在鄧小平之後的實驗中，給予地方政府相當大的自主性，誘使其拚命對外招商以爭取向上爬的機會。中央對地方的放權讓利，給地方新的發展生機。這不僅是台灣可以學習，更可以思考如何讓兩岸的地方政府更大的空間進行自主的交流聯繫。兩岸政府對其地方縣市交流採引導認養或過度管制都不好，應讓兩岸地方政府根據自己的發展需要，自由的與合適的縣市展開交流工作。

基本上兩岸經濟的合作與競爭不僅存在於產業內，存在於產業間，也存在於地方政府間。這是思考現階段的兩岸經濟關係時要體認的現實。

此外在兩岸經貿互動上，有兩個值得討論的議題，一個是區域經濟，另一個是城市交流。很多區域經濟仍以一個核心城市帶動周邊城鎮與鄉村的發展。民進黨擁有多數縣市長，尤其台灣六都裡，又有「四＋一」都時，反而有空間在不觸及敏感政治性議題下，可以穩健持續推進兩岸交流。

中共對台交流應該也認識到這一點，直接面對民進黨的地方首長，就大家關心的城市發展，彼此進行經驗分享和學習，促進共同利益。在地方首長交流方面，綠營地方首長多支持兩岸交流的多元化。因此，即便要進行兩岸城市交流，也不用透過民進黨中央，因此觸及兩岸交流的敏感神經。這些都有經驗可循。

其次，在區域經濟上，台灣也必須要思考，政經發展新動能，中央政府一定要放權讓利，讓地方政府拚經濟，這是台灣唯一可以改變現有僵局的制度改革和創新。過去三十多年來，中國改革開放就是「放權讓利」，讓地方有誘因去拚經濟，把餅做大再來談怎麼分配利益。

但台灣的經濟發展邏輯卻依然是中央集權的思維和體制。如何下放權和錢，讓地方帶頭發展，中央配合，這才是翻轉台灣經濟政治僵局最好解藥，台灣內部也會因此形成區域經濟的競合關係。中國就是這種發展模式，值得借鏡。

最後，區域經濟體和區域經濟體之間可以形成進一步的交流互動。例如，台灣有北中南三個核心城市在帶動地方周邊發展，台中有雙港的腹地、豐富的產業與人力資源，就能直接和珠三角、長三角、環渤海灣等某些區域進行交流與合作。大家都不希望經濟的發展出現停滯或退步，當全國性政治議題仍有敏感性時，這些城市、區域經濟的交流可以成為讓兩岸關係不至於陷入僵局的正面作法。

兩岸政策應回歸本質面

民進黨的兩岸政策應該回歸本質面，首先要追問中國的未來發展軌跡，以及台灣發展的基本要求為何。民進黨重返執政的基礎，是去說服選民民進黨對於扭轉台灣向下沉淪的未來是有具體方法的，而這個方法包括了兩岸關係，但也有兩岸關係無法含括的部分。

民進黨要記取國民黨這幾年的教訓，不要落入以民共對話的有無來判斷民進黨是否能經營兩岸關係。因為以國共論壇的繁複，但搞到後來，馬總統還是被大陸官媒點名為地方頭頭。如能務實的關切兩岸人民的需要，先穩步解決人民互動的問題，民進黨不要將官方視為兩岸關係的交往全部，應嘗試多與民間社會善意互動，靈活的運用地方政府以尋求兩岸關係發展，並對自己堅守的價值維持信心。這些是永續經營兩岸關係的不二法門。

兩岸政治談判與民共互動

在兩岸政治談判上，民進黨的主張是不迴避政治談判，更主張展開政治談判無須預設前提。陳總統在任時就公開邀請胡錦濤主席來金門泡茶。因此相對於馬政府的「先經後政」的順序來說，民進黨相對是更具開放性的。

對台灣來說，展開兩岸政治談判是十分敏感的事情，但為何陳總統的公開主張，以及蔡英文主席「不預設前提展開政治對話」並沒有像馬英九總統般會引起社會疑慮？這當然與民進黨長期捍衛台灣主權，並體現在具體事蹟上，因此累積了相當的社會信任感有關。

民進黨無須迴避政治議題，應正面面對政治談判，以合乎對等與尊嚴的方式進行。但政治談判的關鍵除了談判的形式外，更包括談判的內容。台灣要思考的是，為何要進入政治談判？要透過談判解決或管理什麼問題？這些是規定談判目標的關鍵問題，之後才能確立何者是這次談判要處理的內容。進行政治談判更須國內的共識，對於沒有共識的項目，是無法成為政治談判的議題的。任何有意嚴肅面對政治談判的政黨，都應對上述問題審慎研究。

我一向主張民共可以互動，也應增加互動。民進黨也一再強調，與中共互動不會預設前提。當民進黨沒有要求中共以放棄統一為對話前提時，中共卻還是要求民進黨要先修改黨綱，否則不願與民進黨互動，這種情形令人遺憾，也造成民共無法在檯面上互動的狀況。

因此我希望，如果為了增進理解，其實中共無須以民進黨一定要作出何種改變作為對話的前提。因為只有通過對話才能影響對方，畢竟當對方都已經跟你想法一致，心靈相通時，還需要這麼多對話嗎？

如果民進黨執政後，民共建立了黨際互動，其與行政部門的關係是相輔相成，而不是誰領導誰，或誰指揮誰的問題。這是因為台灣的民主政體，會使得民共互動無法自動成為規範政策的先行機制，畢竟還需要通過立法院同意才可能變成政策。過去七年的經驗告訴我們，以國共互動之密切，但重要法案如果一意孤行，在台灣依然是無法通過的，如有意強行通過，所引發社會反彈的力道是無法抵擋的。

台灣對外的雙翼：兩岸與外交

兩岸關係與外交關係不存在先後排序的問題。馬總統在二〇〇八上台時提到「兩岸高於外交」，結果反而導致其他國家認為既然台灣將兩岸關係視為首要，那麼以後與台灣有關的議題，就直接找北京談就好了，反而造成台灣外交的進一步孤立。美國「棄台論」甚囂塵上的期間，正好是馬英九總統全力操作「兩岸高於外交」的戰略路線時。而馬英九號稱台日關係最好，但卻在過去三年兩次出現台日公務船在釣魚台大打水炮戰。當台日簽署涉及釣魚台的漁業協議時，卻又因「兩岸不再高於外交」引發了中共不快。這都顯示過去「兩岸高於外交」策略的錯誤。

之所以主張「兩岸高於外交」是基於一種認知，認為台灣的國際空間問題主要在中共的態度，國際上往往因忌憚中共的態度而不願支持台灣的合理要求，因此只要兩岸關係良好，互信存在，國際上就不會需要擔心激怒中國而不願在議題上給與台灣相對配合，中國也比較不會封鎖台灣。馬政府往往以邦交國未掉一國來證明這個策略的正確性。

但這個策略的最大問題是形同放棄台灣的外交自主權，台灣的國際空間大小成為北京政府施捨的結果。馬政府忽略自身也需要努力以爭取朋友的客觀現實。因此當甘比亞主動與台灣斷交，馬政府一開始的反應是拒絕承認「被斷交」而鬧出許多笑話。

我們一向尋求兩岸與外交的雙贏關係，不認為要以犧牲外交才能成就兩岸，也不希望外交出現冒進作為導致兩岸互信崩潰。台灣一方面對於應作的外交工作不能鬆懈，兩岸關係也要以審慎方式處理，以促進台海的和平發展。外交空間出現問題，一定會影響兩岸互信，兩岸關係處於緊張，台灣開展外交的努力也會受到很多限制。因此不存在誰高於誰，或是誰大於誰的問題。

民進黨的未來發展

雖然民進黨沒有以兩岸政策作為九合一選舉的主議題，但太陽花學運無疑是民進黨獲得二〇一四地方選舉勝利的關鍵，因此我們要了解太陽花，以及社會現在對於兩岸關係的看法為何。

針對這次選舉，最近民調顯示，有五成三民眾認為，這是代表人民反對馬政府親中親財團的政策。顯示大家對於兩岸關係的現狀十分不滿，不喜歡這個高度秘密、不透明、利益被財團瓜分、經濟欲振乏力、主權流失、台灣的自主性被限制，國際尊嚴嚴重下滑的現狀。近日柯文哲對

「九二共識」提出許多主張。有趣的是，這些在四年前可能會被大力批評為冒進的主張，但現在的社會反應卻很不一樣，顯示對於九二共識與兩岸關係，台灣社會可能已經出現與過去不同的看法。

會出現這種變化，與二〇一二年以來兩岸關係的系列發展有關。二〇一二後，中國大陸強化政治談判的要求力道，台灣經濟也未因簽了《兩岸經濟合作架構協議》（ECFA）出現好轉，貧富差距急速拉大，民主機制也被嚴重損傷。兩岸關係在張志軍來台後更出現谷底盤旋，甚至中共官媒還指名馬英九為「地方頭頭」，連分散對中經濟風險的兩黨共識，還被中方準官媒指控為「經濟台獨」。台灣社會發現，即便以馬政府這樣的傾中，但北京政府依然不滿意且態度強硬。現在與二〇一二的氣氛已經十分不同了。

台灣將出現政治重組的契機

此外，在地方派系上，民進黨還是要想辦法贏，要去取得超過五五%的支持。我在台中就是最明顯例子。若我的支持度是五一%比四九%，所有潛在力量都會在選前大量反撲。但是我一直壓制，讓選局呈現五五%比四五%時，關鍵的那三、五%就會有顧慮，因為傾巢而出也未必影響結果。

同樣地，兩岸問題也是如此。民進黨也必須要去超越、展現更具備有解決兩岸爭議的能力。目前很多困境都是一種刺激民進黨要進步，且要更好表現的動力。

站在民進黨角度，在可見的未來五年，民進黨勢力應仍處在上升階段。所以，如何藉由二〇一四年的地方選舉基礎，重構中央和地方，及兩岸互動，尋找到讓台灣人民可以信任、國際能夠支持、中國大陸願意進行對話和談判的空間。

倘若二〇一六年總統大選民進黨勝出，將會開啟台灣另外一波政治重組的契機。國民黨從李登輝擔任總統的那十二年，國民黨邁向本土化。當時，因國民黨和民進黨的互動關係，讓國民黨分裂出新黨和親民黨，這是第一波重組；到了民進黨執政，就是李登輝跟台聯結合的第二次重組，國民黨又回到連戰和馬英九為領導的路線。而未來第三波重組正在醞釀，民進黨有無可能尋找到多數聯盟，該聯盟除了本土台聯，可能還有國民黨勢力及現在的公民團體，這是很值得密切注意現象。

民進黨三大課題：修憲、經濟轉型、兩岸

姚文智

1965年12月4日出生，新竹縣人。早期擔任《自由時報》記者。29歲那年，姚文智擔任謝長廷的國會助理，初次踏進政治圈。一年後，謝長廷與彭明敏聯袂出馬參選總統選舉，姚文智成為競選總部的新聞秘書與發言人。1997年，謝長廷高雄市競選市長辦公室主任。謝長廷當選高雄市長後，姚文智擔任高雄市新聞處處長、高雄市副秘書長、行政院新聞局局長。現在是第八屆的台北市第二選區立法委員。

民進黨立法委員姚文智認為，前行政院長謝長廷和中國的交流模式，可以作為民進黨黨內和中國互動的參考依據。民共兩黨可以先在非敏感性議題，透過交流往來，進行務實接觸與交流。姚文智也指出，未來一年，民進黨有三大課題要處理：修憲、經濟轉型、兩岸。妥善處理這三大議題，讓人民有信心支持民進黨重返執政。以下為訪談內容：

下屆總統大選　國民黨恐難翻身

二〇一四年的「九合一地方選舉」不可能跟兩岸完全毫無關係。選舉是各種因素的綜合呈現。每個人的投票理由一定是他們所面對整個政治處境、社會環境，及其對政黨、政績、對候選人看法的綜合總體呈現。有媒體指稱，這是對馬英九兩岸關係的制裁，其實不盡然，但也多少有些關聯性。其最主要關鍵是，馬英九不斷推動《兩岸經濟合作架構協議》（ECFA）、《兩岸服務貿易協議》等，兩岸經濟更緊密的連結，造成台灣整個經濟生產沒有辦法平均分配，導致台灣貧富差距不斷擴大，貧富不均狀況非常嚴重。而國家資源並沒有努力處理台灣的內部問題。

這些內部問題是發展與分配正義的問題，但馬英九卻把所有國家資源往中國靠攏，其留下來的結果當然就是「太陽花學運」、年輕人遠離國民黨，其中也包括貧富差距擴大、對執政者更沒信心。頂新集團為何敢挾著龐大政商資源，做違背道德與法律作為的事情，這些都是背後原因。

過去一、兩年，台灣社會逐漸從追求經濟發展，轉向重視公平正義。這對民進黨而言，是壓力也是機會。二〇一六年的總統大選，國民黨大概很難翻身，已經很少人相信，鐘擺理論會再擺盪過去，因為這個社會結構並沒有改變。選後，馬英九更沒能力去改變，這當然是民進黨的機會。

但同樣地，若民進黨重返執政後，社會大眾對民進黨的期待也會變成壓力。當然，民進黨在公平正義方面要儘速提出方案，讓人民儘快感受到轉變。尤其是分配正義。公平正義本來就是民進黨長期一直在努力的方向，也是民進黨發展茁壯起來的根基。現在，台灣社會更應聚焦的是，分配正義問題。例如，怎麼讓下一代認為未來有希望、薪水會上漲、工作有發展、買得起房子，這些都是民進黨的課題。

因應策略　民進黨重務實

二〇一二年總統大選前，國民黨大打經濟牌與兩岸牌。在「經濟牌」方面，下一次大選應該已經完全沒有效用了。國民黨執政之初，包括消費券、處理油電價格、證所稅、推動《兩岸經濟合作架構協議》等，最後兩岸紅利不僅是隱而不彰，根本沒有什麼效果。反倒是國民黨挾著龐大的政商關係，令台灣人民嫌惡。因此，國民黨的經濟牌已對人民沒有任何說服力。簡單地說，就是馬英九施政無能。至於「兩岸牌」，民進黨仍要跨出最後一哩路。「兩岸牌」如何才不會再次形成壓力，選前一年當然有必要做一些因應。

在因應策略上，民進黨會調整到非常務實，而這個務實態度並非今天才開始。例如一九九九年的《台灣前途決議文》，就完全是務實取向的結果，該決議文反映出台灣主流民意，台灣主流民意也是非常務實。台灣人民瞭解，台灣和中國是兩個國家，但的確有些東西暫時不可以碰觸。

台灣社會裡，主張「一邊一國」的人越來越多。但若刻意去碰觸，導致「一邊一國」變成一個風險，台灣主流民意會抗拒。民眾心裡都知道，台灣是一個主權獨立國家、國家要正常化。但是主流民意都瞭解，如此一來，會遭遇到國際社會，尤其是中國嚴厲的挑戰。這個挑戰是每個人都會思索是否要去承擔這樣的風險。坦白講，台灣多半民眾都不願意，認為應要慢慢來、處理態度要和緩、務實。

民進黨的主流方向　降低風險、更加務實

《台灣前途決議文》已反應出台灣主流民意的方向。如果民進黨為了取得二〇一六年的執政權，兩岸牌將往務實主義方向走，採取穩健方式，讓台灣民眾感受到這一點。如此一來，國民黨的兩岸牌也就必然失效。

只要問民進黨主席有可能站出來宣稱「我們要台灣共和國嗎」？陳水扁時期還比較有可能，但現在民進黨的主流方向就是要更強調降低風險、更為務實。

針對兩岸議題，民進黨必定要和社會上許多團體共同合作，或獲得他們支持。一方面，民進黨要讓經濟選民感受到，民進黨執政後，經濟風險並不會比國民黨執政高。另一方面，在年輕人部分，當前台灣年輕世代多主張「自己國家自己救」、「台灣獨立」，民進黨應該在年輕人的聲浪下，讓他們瞭解，民進黨更能堅持維護台灣利益，或往台灣獨立自主方向發展，這點並無太大問題，且民進黨一貫如此。

民進黨主張建立透明機制

在現實的兩岸相關協議和法案上，過去以來，國民黨常是黑箱操作，違反民主程序。民進黨主張更公開透明，必須先要訂定《兩岸協議監督條例》。過去以來，民進黨黨版稱為《台灣與中國簽訂協約監督條例》，其實稱呼為「兩岸」也好，不必成為意識形態的障礙。「太陽花學運」團體提出的版本名稱也叫「兩岸」。他們一方面主張台灣獨立，但拿出來的版本也稱「兩岸」。反而，民進黨曾經提出的版本稱為「台灣與中國」，但要不要調整，都可以談。

等到透明機制建立後，有監督條例再審查協議，一直是民進黨的主張，我在二〇一三年早就提出版本。在太陽花學運爆發前，在民進黨黨團和內政委員會的要求下，曾針對《兩岸服貿協議》召開過一次秘密會議，當時兩岸還未簽署，大約是二〇一三年五月或更早之前。當時，政府的操作都是黑箱，都快要簽署了，立法院卻都不知道，立法部門就要求召開相關的秘密會議。行政部門稱，不可以公開。之後，就說要準備簽署了。民進黨當然反對這樣缺乏內部溝通的黑箱談判。但最早之初，民進黨願意務實看待《兩岸服貿協議》的簽署。民進黨也發現一些實務的問題，因為開放後，有些產業確實會受損，相關配套為何？影響的勞動權益為何？或是受害產業方面，國家應該如何彌補等等。民進黨的立場很清楚，兩岸簽署協議就是要對等互惠、公開透明。

在民、共交流方面，前行政院長謝長廷當初跨出的那一步互動可以持續下去。謝長廷不見得完全代表民進黨，也不是中國事務委員會召集人，蔡英文也未委託他。但謝長廷已經建立一定基礎，至少他曾訪問過北京和香港。其他還有一些個別的黨內人士，例如賴清德、陳菊等等，都有不同的回應。民、共雙方總要以比較能認同或接受的基礎繼續進行互動，可以有很多彈性方式來處理。

降低兩岸風險讓台灣經濟得以發展

民進黨人士前往中國大陸訪問，可以強調個別議題的取向。例如我曾前往上海市參訪市政建設，觀摩上海的水岸建設、觀摩上海世博的舉辦、浦東的規劃。之前，林佳龍也曾去過，參與過雙邊都市規劃研討會；或是前雲林縣長蘇治芬、高雄市長陳菊去中國大陸行銷該縣市的產品，透過個別或不必直接碰觸敏感議題的方式，進行不同屬性、團體的往來互動，都是務實的做法，以頻繁、少意識型態的接觸，讓民、共兩黨往良性方向發展，這也會讓台灣民眾感受到，民進黨正在往前跨越兩岸議題的最後一哩路。若說要比較具指標性的，謝長廷模式可以延續，以逐步漸進的方式發展。

對於大選前的最後一年，民進黨的調整應該要在台灣經濟轉型的架構下，去展現民進黨務實處理兩岸關係的態度。最主要的，要降低兩岸的風險。國民黨標榜要爭取兩岸關係更大的（和平）紅利，民進黨則是降低兩岸風險，讓台灣內部經濟得以發展。以陳冲的說法是「動能」，這種動能其實是透過更大的政府投資、對分配問題的掌握來處理，其中，涉及到各種產業的利益。民進黨要讓台灣人民認同，民進黨有能力解決內部發展困境的問題。馬英九希望透過中國市場解決台灣的經濟問題，這是錯誤的觀念。台灣應該要進入一個「大政府時代」。所謂大政府時代是，政府要主導或誘發更多內部的生產跟投資。

例如，當初我在進行黨內市長初選時就提出，台灣內需市場其實很大，政府應該跳下去做，刺激經濟動能，以台北市為例，廢除都市地理中心的松山機場，率先解開過去一直動彈不得的市區限高禁令。公辦都更創造至少十兆的產值，更同時解決綠地、交通、住宅、長照、托育等問題。其實，政府擁有很多政策工具，無論是向銀行借貸，或引入民間資金，公辦都更的產能相當大，這些都是本地優秀人才可以參與的項目。

過去以來，台灣各界都認為，台灣就是一個小島，亟需外部市場，因此，不斷思考要簽署自由貿易協議（FTA）、加入跨太平洋戰略經濟夥伴關係協議（TPP），似乎若不做這些，就什麼事情都沒法做，這是錯誤的觀念。這些作為，主要是在促進大市場，讓市場便利化、減少關稅、解除貿易障礙。但政府機制不只是這些角色，政府可以參與處理都市再造、刺激各種產業研發、創業媒合，這些都能帶動國內產能的發展。我們卻放著金山銀山不做，應該由政府扮演產能帶動者的角色，透過民間游資或政府資金，導入台灣的內部投資，提升生活與環境品質，加速都市發展。如此一來，才能展現經濟動能。

過去七年多來，國民黨的執政已經失去台灣民心，內部也出現鬥爭。對於未來一年，民進黨邁向重返執政之路上，大概有幾個課題需要處理：第一是修憲問題。蔡英文主席如何透過修憲過程，展現領導力，包括如何和國民黨談判；其次是蔡英文目前正在推動的「公民國是會議」，如何處理台灣經濟轉型與分配問題，讓台灣人民對民進黨有信心；第三是兩岸議題。若這三大議題能在選前處理好，加上這次沒有四大天王的問題，民進黨應該做好全面執政的準備，讓民眾有信心地認為，民進黨扛得起執政重擔。

二〇一四
「九合一」選後的影響

洪奇昌

1951年8月23日出生，彰化縣人，基督教長老教會信徒。曾任台大醫院精神科主治醫師、馬偕醫院精神科主任多年。1977年開始參加黨外活動。民進黨成立之初，其為創黨黨員之一。與邱義仁、林濁水、吳乃仁並稱為民進黨新潮流系的四位大老。1986年12月在台北縣以全台灣最高票當選增額國大代表。1989年至2008年，擔任過6屆立法委員。2002年2月第五屆立法院正副院長選舉中，曾代表民進黨與國民黨籍立法委員江炳坤競爭副院長落敗。2002年7月獲前總統陳水扁指定為民進黨第10屆中常委。洪奇昌多次在報章與訪問中表示支持兩岸關係的進一步發展，特別是對兩岸經貿議題抱持審慎樂觀的態度。

二〇一四年十一月底的「九合一」地方選舉，民進黨總共贏得十三席縣市長，是創黨以來，贏得最多一次的戰役。民進黨在選舉上的勝利，深刻牽動著二〇一六年的總統和立委選舉的結果，也為兩岸關係的發展投下一枚震撼彈。

前民進黨立法委員、前海基會董事長洪奇昌認為，在兩岸關係立場上，民進黨不太可能有太多的變動。但應會延續過去七年來兩岸政府簽訂的協議的基礎下，在兩岸經貿、文化、社會等方面持續交流與合作。以下為洪奇昌的訪談紀要：

二〇一四年台灣的「九合一」大選，民進黨贏得空前勝利，也讓民進黨領導人蔡英文獲得更大的領導正當性和威望。蔡英文因而具備了能進行強勢領導的機遇。一九九九年，當李登輝總統提出「特殊國與國關係」的論述時，台灣社會及民意大多傾向支持他的主張。這種引導時勢創造機遇的舉動，只有威望型的領導人才有條件做到。

在未來的一年內，蔡英文主席能否有效領導民進黨團結轉型，走完邁向執政的最後一哩路，仍面臨諸多的困難及挑戰。

過去一年多來，尤其是太陽花學運之後，在台灣社會內部，民進黨正受到一股能量增強的自主公民團體影響及制約。他們有著強烈的本土認同及主權意識，他們是屬於不同世代的群體。這群「台左」（強調台灣主權獨立的左派）側翼團體的聲音非常大，社會力量也很強，他們也不會理會太多傳統政治人物的現實顧忌。為此，民進黨必須要花很多時間和他們進行溝通，尋求妥協。

此外，九合一大選後，浮現另一個待解決的問題：「自由經濟示範區」的爭議如何解決？自由經濟示範區共有「六港一空一園」。其中，民進黨執政的縣市中，就囊括了自由經濟示範區八個其中的七個。例如：高雄港、台南安平港、台中港、基隆港、蘇澳港、桃園航空城、屏東農業園區等。

這些民進黨的地方諸侯們究竟有無對自由經濟示範區的發展形成共同政策意見？立法院和民進黨政策會和立法院黨團是否持續關切後續效應？未來兩岸經貿政策如何進行？因為先前都全力投入選舉，民進黨對這些議題及政策的研究投入扔有待加強。

太陽花學運之後，蔡英文曾提出「台獨天然養分說」和「一旦執政，北京自然會和民進黨打交道」兩種說法，造成中共極大的誤解及反對。這些論點因她身為黨主席而被放大檢視；但這並非新觀點，過去幾年來，黨內人士包括吳乃仁、秘書長私下就說了很多次，「民進黨的兩岸交流再多都沒用；民進黨要先拿下執政權，北京方面自然會來找我們」。他們認為，只要擁有執政權，民進黨才能有機會實際處理問題。因此在兩岸政策考量上，蔡英文可能會更側重台灣內部的政治現實。

民進黨在「九合一」地方大選大勝，有利於二〇一六年的重返執政。我評估，民進黨有八〇%機率贏得總統選舉，但也有二〇%的失敗機率。其關鍵因素，就在華盛頓及北京。目前民進黨的挑戰是經濟發展策略，能否在確保台灣的國家安全下，發展穩定和平的兩岸關係，並提出有效的方法。因此，蔡英文主席在未成為總統候選人前到美國溝通，助於美方理解民進黨的兩岸政策，降低對蔡英文主席的疑慮。

現階段的四個重要工作

當前，台灣民眾最關心的，是台灣的經濟成長及國際經貿空間。台灣以世界貿易組織（WTO）會員身分進行參與亞太區域全面經濟伙伴協議（區域全面經濟夥伴協定（RCEP）及跨太平洋戰略經濟夥伴關係協議（TPP））是絕大多數台灣人民的期待。我認為現階段有四個重要工作：一、行政立法兩院及國、民兩黨立院黨團應盡快有效推動「兩岸監督條例」通過，依此進行《兩岸經濟合作架構協議》（ECFA）後續兩岸服貿、貨貿協議的審查。二、兩岸政府就貨貿議題，宜在有助於台灣產業及經濟發展的前提下盡速完成談判達成協議。三、當兩岸簽訂《貨貿協議》後，服貿、貨貿協議將可在立法院併案審查。四、在台灣立法院審查過程中，兩岸政府可同時對外宣示在兩岸完成《兩岸經濟合作架構協議》及其相關協議後，雙方樂見台灣以世界貿易組織的身分（TPKM）加入區域全面經濟夥伴協定及跨太平洋戰略經濟夥伴關係協議的主張。這樣的政策宣示將會減緩立法院在審議兩岸相關協議的社會疑慮及政黨阻力。

我必須強調，民進黨絕非「逢中必反」而抵制任何兩岸協議的審查，而是採取反對黨「嚴格監督」、「嚴格審查」的立場。

在兩岸協議監督條例的制訂中，國民黨一定要走出二〇一三年九月以來「馬王政爭」之陰影。行政部門應積極負責的推動相關協議的立法並有效與社會各界溝通及立法部門協商。各政黨的立院黨團應在台灣優先的前提下，採取嚴謹的監督方式進行。這也回歸到二〇一三年六月二十五日，立院四個黨團簽訂的協商決議，就是採取「逐條審查、逐條表決」，把該走的立法程序，嚴格走完。

但在二〇一四年三月，國民黨立委張慶忠卻推翻決議，以三十秒不到的時間強行草率宣布通過委員會審查才引起後續太陽花學運事件。期待二〇一五年上半年的立法院會期，這些相關的協議的審查能順利完成立法。

然而，「嚴格審查」不代表一旦民進黨執政後，將會推翻馬政府二〇〇八年以來兩岸所簽訂的《兩岸經濟合作架構協議》及二十多項協議。因為這些都已經是「既存的」，民進黨應該會在「現有基礎」之上，進行兩岸的互動。現階段仍以先經後政、先易後難的原則，聚焦在經貿議題，接著擴大到教育、文化，及青年的交流上。

民進黨不是一個毫無彈性的政黨，民進黨向來就是理性務實的。李登輝時代提出的「戒急用忍」政策，延續到民進黨執政時期，就成為「積極開放，有效管理」的兩岸經貿投資政策，外界應該看到民進黨進步務實的一面。在民進黨執政初期，政府也完成了「金廈小三通」和兩岸春節包機，假日包機及開放陸客觀光的相關政策；接著又與大陸進行協商，週末包機和增加航點、航班的協議。

在這些兩岸政策成果的背後彰顯的是：民進黨擁有和中共官方談判的經驗和條件。一旦民進黨執政，不僅要延續海基、海協的兩岸協商，所獲致的成果。陸委會主委和國台辦主任定期互訪的協商模式也應繼續進行。

企盼催生「中華民國決議文」

由於民進黨和中共對「是否存在九二共識」上，毫無交集，也缺乏政治互信。民進黨在二〇一五年春夏之交完成黨內總統候選人提名，或許應該考慮透過有效管道進行和美國與中共的「預防性磋商」。尋求新的共識基礎。面對二〇一六年的大選，我期待民進黨內能孕育出「中華民國決議文」的政策，因為中華民國是台灣社會最大的共識。但這可能又涉及需要對二〇〇七年通過的「正常國家決議文」進行修正等相關配套。這將考驗民進黨的成熟度。尤其，民進黨領導人有無這樣的高度和自信。

美中要打造新型大國關係，仍是一條漫長道路。目前美國仍是全球的單極霸權。台灣必須在美國仍維持單極霸權的過程中，在兩岸關係上尋找一個對台灣相對有利的平衡點。

民進黨人須多參與兩岸交流

我認為，在民進黨和中共的互動中，應要有更多人參與在兩岸交流的情境中。例如，近年中謝長廷前院長就去過兩次中國，進行參訪及拜會活動。蔡英文主席在二〇一一年曾經提過，民進黨的兩岸交流可透過學者、智庫、民代及城市外交的方式進行。若民進黨能採取積極、有計畫性的參訪，有助於建立兩岸和民共之間的溝通橋樑。因此，民進黨應該要建立自信的兩岸交流政策，尤其對城市交流採取積極態度，讓民進黨執政縣市首長和中國大陸的城市進行交流對接。

現階段在缺乏政治共識的前提下民進黨和共產黨不可能有正式黨對黨交流。中共也多次清楚表明，民共的黨對黨交流「不可能」，尤其在民進黨未修改台獨黨綱的前提下。我認為中共一味宣示民進黨必須「廢除台獨黨綱，放棄台獨路線」，才能進行正式兩黨交流，這種主張民進黨不可能做到，只會增加（凍結台獨黨綱）的困難性。

一個具體案例：民進黨中國事務部主任、黨籍立法委員趙天麟原本計畫在二〇一四年下半年要前往中國大陸訪問，卻被中方拒絕簽證。然而在二〇一二年十月及二〇一三年夏天，趙天麟立委還未有黨職身分前，就曾陪同謝長廷前主席訪問過中國大陸兩次。如今，趙天麟立委掛了一個民進黨中國事務部主任後，就被禁止登陸。從民進黨的立場看來，這是中共僵硬的政策表現。

在根本的政治立場上，民進黨仍不可能為了期待民共兩黨正式交流而改變。在民進黨一九九九年所通過的「台灣前途決議文」中強調台灣是一個主權獨立的國家，依現行憲法稱為中華民國。這應是民進黨的底線以及台灣社會的最大共識。當然中共未必能接受，但民進黨應努力尋求美國在這議題上的理解與支持，在兩岸議題上尋求一個階段性的妥協共識。

主權獨立不追求法理獨立

在台灣的外交空間上，台灣社會未必是期待一個和各國之間的「實質外交關係」，而是一個亟需經貿、文化、教育的國際活動場域。如今，台灣社會普遍的期待是：「中國大陸不要來打壓台灣的外交生存」。當台灣用已經存在的型態，在國際場域活動時，中國不要處處壓制台灣。因為中共堅持在和平統一，一國兩制下，要求民進黨廢除台獨黨綱，放棄台獨路線，接受九二共識，不僅民進黨不能接受，更無法獲得多數台灣人民，尤其是年輕世代的認同。

在民共兩黨互動上，我認為，民進黨和中共近期內很難達到政治互信。中共當前的政策仍是「反獨大過促統」。我期盼，民進黨能夠表述若二〇一六年「執政後，將不追求台灣法理獨立」。畢竟，「台灣就是中華民國，中華民國就是台灣」，而中華民國是一個主權獨立的國家，已是既存的事實。

先前，謝長廷前主席提出的「憲法一中，憲法共識」；施明德、蘇起、陳明通和我也提出「兩岸關係五原則，以大一中架構，取代一中原則」。對此，台灣大學政治系教授張亞中就質疑，「如此一來，兩岸的主權究竟是互不隸屬，或主權重疊？」。當前，「一中憲法」還能獲得中國大陸接受，前提是中華民國憲法對中共而言是「主權重疊的」；對民進黨而言，主權是分立的。中共當然無法接受。但「中華民國憲政架構」已是民進黨的基本底線，民進黨就在此一架構下，進行兩岸交流。

即便如此，我認為，民進黨內應該有政治研究者或黨務人員，不定期前往中國大陸交流參訪，且宜是議題深入、時間較長的考察。主要目的，是要了解中國這個國家的整體發展和方向，並依此審思，身為一個小國，台灣究竟能從中獲得什麼「裡子」；小國要的是裡子，面子可以給你（大國）。

兩岸問題
從「省籍」走向「階級」

高志鵬

1963年8月8日出生，台北市人，生於基隆，台灣輔仁大學法律系財經法學組畢業。律師高考合格。現為民進黨新北市區域立法委員、台啤籃球隊總領隊。1993年退伍後便投入陳水扁立委辦公室，由國會助理開始，成為陳水扁年輕班底之一。自1995年起連任兩屆民進黨台北市黨部主委。2002年起擔任立法委員，由於在民進黨解散派系之前，他與陳水扁都是民進黨內正義連線的成員，因此被視為「扁系」立委。

二〇一四年，民進黨立法委員高志鵬二次訪問中國大陸。中國社會展現的強烈自信心，令他印象深刻。他認為，中共是全世界操作統戰、鬥爭的好手。民進黨和國民黨應該交互扮演煞車和踩油門角色，不能讓中共予取予求。談到未來的兩岸關係走向，高志鵬觀察，兩岸問題將從「省籍」走向「階級」。這將是以前不曾有的新格局。

樂觀看待中國的自信

二〇一四年，我總共去了二次中國大陸。中國當前的硬體建設已經進步到一定程度。最讓我感觸最深刻的，是中國整體社會的自信心。無論官員、一般企業界或民眾，都擁有一種崛起大國的自信心，令我印象深刻。

中國社會當前展現的自信，很像二、三十年前台灣，人民渴望成功又充滿自信的態度。以前因為歷史因素，中國夾雜著一些自卑或受迫害的心理因素，變成很容易被民族主義利用的民族。但當中國人民變得有自信時，或許也可能是對台灣的另一種保障。

因為，若人民缺乏自信，內部鷹派或因國內貧富不均、爭民主的內部因素，讓政府為了滿足內部狂熱，而拿兩岸問題當宣洩出口；若當領導者到官員、老百姓普遍充滿自信，中國就不會把台灣問題作為一個主要宣洩出口。就像是男女朋友，其中一方自認為有自信時，和一個沒有自信的人相比，較不會對伴侶猜忌、打壓或做一些離譜的要求。

相對的，中國一旦有自信，就不會把台灣問題當成如此重要的問題。對於中國社會的自信現象，台灣應該要正面樂觀看待。過去，過去台灣很多人主張，不要激怒中國，而採取小心謹慎態度，但若中國普遍已到了「質變」程度，或許，台灣不用太擔心強烈民族主義。中國整體的改變和更自信，應該是台灣和民進黨應該要注意到的。

至於二〇〇〇年至二〇〇八年，民進黨執政期間的兩岸關係表現，民進黨或前總統陳水扁的兩岸政策未必是錯的。因為，和中國交手原本就要軟硬兼施，堅守一定立場。二〇〇八年後，總統馬英九一百八十度大轉變，整個對中國貼上去的做法，反讓中國予取予求，沒什麼需要讓步的。難道就是好的嗎？

中國共產黨是全世界最會鬥爭、統戰的政黨，也是最會用兩手策略的對手。因此，若台灣能夠站穩既定立場，反讓中國認為有所顧忌，而尊敬這樣對手。不能讓中國占到便宜，不能所有底線都讓對岸看穿。若要檢討二〇〇〇年至二〇〇八年的兩岸關係，前總統李登輝說「中共再大，也沒有老爸大」、「有十八套劇本」、「兩國論」等這些說法，在一併檢討後，會發現亦有其戰略的堅持。

其實，無論是李登輝或陳水扁，他們在擔任總統期間，多少都具備一些使命感，要站穩一些原則才是和中國談判最有效的方法。相較於馬英九執政期間的「全面傾中」，若用功過評斷，對於維持台灣主權立場，和避免現在這樣傾中局面，李登輝和陳水扁應該是「功大於過」。

兩黨勝負關鍵在兩岸議題

在馬英九執政的這八年來，反而激起台灣主體意識更加明確，台灣人民覺得自己是台灣人的比例增加。當前，民眾厭惡兩岸買辦階級、太陽花學運造成「九合一選舉」洗牌。整體看起來，民進黨執政的八年反而是在做正確的事，甚至讓中國得用讓利或更懷柔方式對待台商。整體看來，陳水扁總統執政的兩岸衝突沒有必要被批評得一無是處。

至於二〇一六年後，民進黨若執政，處理中國大陸應該展現更加自信。我認為，兩岸的交流應該當然持續下去。

民進黨黨內有一批人認為，民進黨要在兩岸關係問題上「有所突破」，不要抱殘守缺，才能突破關鍵的五%選票，才能贏得大選。這個命題的前提，就是民進黨原有的兩岸關係立場是不對的，才需要改，以此爭取這五%。民進黨內部也曾討論過這個問題。當然，也有人不同意。我曾和民進黨主席蔡英文提過這個議題。蔡英文也說，黨內有兩派：一派主張沒有中間選民。民進黨只要鞏固好綠營支持者、積極拉票，展現自信，就能衝破五〇%以上的選票；陳水扁也曾做過這樣的主張。事實上，二〇〇〇年到二〇〇四年也採取這樣的策略。一開始，陳水扁提出「四不一沒有」。但到了二〇〇三年，又提出制訂新憲法，似乎往深綠靠攏。後來，他也贏得連任了。

另外一派，就是有的派系提倡的「改變說」。蔡英文很瞭解這兩派的差異。有人也告訴蔡英文，未來的選舉，兩岸議題才是和國民黨決勝負的關鍵：民進黨只要愈堅持主權，才更能和國民黨進行區隔。我不敢說，「九合一」地方選舉民進黨的勝選和兩岸關係有密切的關連，因為主要還是縣市地方選舉。某種程度上，二〇一四年的選舉是對馬英九不信任投票的期中選舉。但因為台灣並無進行民調深入研究，無法明確分析這次選舉和過去六年馬政府的大陸政策有何關連性。

從省籍問題轉為階級問題

二〇一四年，我前往上海參訪，曾和上海台灣研究所的學者對談。上海台研所副所長態度很客氣，但語氣很堅決地說，中國大陸瞭解，台灣想要和世界接軌，但台灣絕對不可能繞過大陸和世界接軌。若沒有完成《兩岸服務貿易協議》、《兩岸貨品貿易協議》，並全面和中國大陸簽署經貿協議，台灣如何和其他國家簽署經貿協議？

我回應，鄧小平曾說，中國可以先讓一部分人富起來。現在看起來，這個策略是正確的。這也是當時時空背景造就的。但當前的台灣，包括馬英九都沒有能力可以決定讓哪一部分人先富起來。反而，現在看來馬英九是讓有錢的人更有錢、窮得人變更窮。台灣是否還可以接受像以前一樣，拚經濟成功就好？或要關注分配問題？

經貿自由化和開放後，資金是這些企業賺走了。但承受艱苦的，卻是許多弱勢族群。台灣社會沒有賦予馬英九這樣權力。在過去，兩岸問題可能包含省籍情結、意識形態問題。但如今卻變成階級問題。很多老百姓認為，那些呼籲要統一、要加強交往的人，可能背後有其政經利益。一般民眾反而覺得是被剝削的。再加上，台灣民眾現在覺得，「買辦經濟」嚴重。無論中國大陸說這是被「汙名化」、「民粹化」，未來兩岸問題就是從省籍變成階級。越中下階的族群越感受到，某些人鼓吹兩岸交流，可能是為了私人的政經利益，因而群起反對。事實上，二〇一四年三月的太陽花學運，就讓學生產生這樣連結。

中國可能很在意，馬英九搞到和整個台灣青年世代為敵，最後青年世代也因如此，開始覺得國民黨的某些兩岸政策主張，都是為了某些人的私人利益，進而造成貧者越貧、越來越沒有希望，最後讓青年族群站在和中國對立面上，把中國視為威脅的感受更加擴大。

因此，兩岸經貿交流的讓利，究竟讓利給誰？國民黨習慣用拚經濟、整體經濟數據來迷惑台灣老百姓。但「拚經濟」究竟有無向下滲透到一般受薪階級，或最後造成貧富不均更加嚴重？

對民進黨而言，是否要在兩岸政策上進行改革，正反兩派爭執許久。但至今無人提出如何具體改變。反而改太多，而被批評和國民黨沒什麼兩樣。先前，蔡英文擔任黨主席時，也找了一些學者、智庫，制訂《十年政綱》，甚至在二〇一二年大選前也只提出一個加強交流的主張。這就表示，黨內一直有在討論。但要做什麼重大改變，我認為相當困難。

兩岸關係上民進黨扮剎車

民進黨執政後，若能在兩岸關係上扮演剎車角色，國民黨扮演踩油門角色，時鬆時緊，或許對中國也是可以接受過程。最後，對台灣來看，或許也變成是一個好的結果。二〇〇八年以前，陳水扁執政的一些兩岸政策決定，讓中國無法接受。二〇〇八年以後，馬英九剛好接手執政八年，他在兩岸關係上踩了一些油門，令中國感覺到較為放心。

因此，二〇一六年大選前，民進黨應該不會有太大改變。簡單說，二〇一二年大選前，蔡英文和民進黨都具有強烈勝選意志下，都只是提出一個「加強交流」，沒有什麼大改變的狀況下，現在面對二〇一四年國民黨慘敗、跟朱立倫可能不參與二〇一六年大選，國民黨缺乏強將的狀況時，應該不會有什麼改變。或許仍會在加強交流層面上，營造一個民進黨也可以和共產黨坐下來談的印象就足夠了。

因此，在二〇一二年大選前，當時呼聲如此高漲情況下，蔡英文幾乎沒在兩岸立場上有做重大改變，二〇一六年前，國民黨的現況、又有太陽花學運的影響，蔡英文可能會趨向保守，主張加強交流，強調自己理性一面。最多表現出，不會全盤否定先前的兩岸交流態度，保持一定理性和尊重現況。畢竟，國民黨油門踩這麼久，民進黨即使踩剎車也會是漸進的。

我不會去談兩岸服貿、貨貿如何做，這太過細節。而是要看各方意見、審時度勢，觀察中方態度。二〇〇〇年後，中共對陳水扁的態度是，「聽其言，聽其行」，但後來又整個翻臉。所以，外界也不知道二〇一六年一月民進黨執政後，會是怎樣的局面。

民進黨重返執政後，應該還是會先觀察中國的想法和做法，才能綜合研判。例如，若到時，貨貿談判仍在進行中，民進黨不太可能統統不認帳，推翻先前的所有談判。而是觀察，中國有無意願繼續談下去，民進黨政府再進行一些改變和具體作法。

在二〇一六年大選之前的民共交流上，其實這幾年民共非正式的交流很多，包括一些民進黨縣市長、立委，無論質或量都比以前增加很多。以前，大概就是新潮流的人士比較多和中國交流。像我之前沒去過中國，二〇一四年就去了二次。中國也在推動和民進黨人士的個別交流。過程中，中國當然也有些顧忌，例如就不會允許蔡英文訪中。二〇一六年以前，中國更不可能讓蔡英文訪中而加持她。

尤其，先前傳出「蔡習會」的風聲，這種傳言不太可能發生。若中國決定進行「蔡習會」，擺明了放棄國民黨，這不符合中國的利益。即便，中國對國民黨缺乏信心，中國仍不會如此做。但和民進黨的個別交流，就不吝於展現善意。像台南市長賴清德，也給予高規格接待，讓他暢所欲言。

因此，民共交流要更升級，不太可能。若中國真的願意邀請蔡英文訪中，蔡英文應該會願意前往。但中國不會提出邀請。過去幾年，無論是國台辦主任或海協會會長訪台，蔡英文也未和他們見面，更高級的交流機會極少。

但就其他層面的交流，過去幾年早已倍數成長，除了民進黨市長外，還有行政院前院長謝長廷，看得出來民共兩黨的交流已比以前更進步。至於是否會更上一層樓，以目前來說，大概只會維持現狀了。

建構台灣、東亞和國際的新平衡策略

陳明通

1955年11月25日出生，台中人。1979年畢業於國立台灣大學政治學系，1981年取得國立台灣大學政治學碩士，1990年台大政治學博士畢業，隨即留校任教於三民主義研究所（即今國家發展研究所），兩年內由副教授升等為教授，又曾前往美國哥倫比亞大學東亞研究所擔任博士後研究員。早期，主要研究台灣地方選舉和地方派系。2000年至2008年，於行政院陸委會擔任副主委和主委。2008年後，回台灣大學國家發展研究所任教。目前擔任台灣大學國發所所長一職。他曾呼籲，在兩岸談判上，馬政府要杜絕「洩密」或「資訊外洩」事件的發生，政府必須重建談判團隊的管理制度。

前陸委會主委陳明通卸任後，目前擔任台灣大學國家發展研究所所長。陳明通認為，在馬英九總統主政下的兩岸關係，已經面臨多層次失衡危機。民進黨要做的工作，就是要重新導回平衡狀態。為二〇一六年的大選準備，民進黨必須著手在台灣內部、東亞區域和國際（特別是中美兩大國G2所主導的國際結構）三個層次，建構新的平衡策略。以下為訪談內容：

「積極開放、有效管理」取代「戒急用忍」

蔡英文從擔任陸委會主委，到當民進黨主席，她對大陸政策始終抱持一個基本信念，那就是保持平衡。例如，當時她提出檢討「戒急用忍」，改成「積極開放，有效管理」。其實，就是在考量對外開放賺取大陸經濟利益，和擔心開放後產業出走空洞化的兩者之間，尋求一個平衡點。當時，蔡英文採取的作法，最典型的案例是「晶圓產業」。晶圓有「晶圓雙雄」，即所謂的「兩隻老虎」。其中，聯電一直想過去中國大陸。時任聯電董事長曹興誠一直要求民進黨政府開放。但民進黨政府考量的是，當勞力密集產業過去中國後，台灣剩下的就是高科技。若高科技再轉移去中國，台灣剩下什麼？情況將會很麻煩。所以，當時聯電吵著要去中國投資八吋晶圓廠時，政府就要求他們相對在台灣要設十二吋廠，藉此保持和中國廠的幾代差距。這種平衡相當重要。

二〇一四年底再度傳出，台積電想要前往中國投資，這次好像非去不可，馬政府其實可以參考民進黨執政時期的作法，透過平衡策略達到雙贏的目標。談開放很容易，但就整體戰略而言，開放絕對不是雙手一攤，什麼都不管，馬總統的問題就是相信所謂的「新自由主義」，任其開放。開放之後的衝擊問題要去評估處理；且不僅評估，更要有配套政策處理。蔡英文的理念是，開放過去中國投資，但相對地，台灣仍要繼續維持產業優勢。從這個角度來看，蔡英文重視尋求平衡。

「崛起強權」挑戰「既有強權」

跳開國內層次，進一步提昇到東亞區域及國際層次來看，台海問題其實不只是台灣跟中國大陸兩家的事而已。台海問題應該放在東亞區域及整個國際結構裡面來討論。今天的國際結構，是由美國所主導的「一超多強」權力結構，美國是這個超強國家，但是中國近幾年快速的崛起，國際結構已逐漸轉成「崛起的強權」中國挑戰「既有的強權」美國，這兩大強權（G2）主導國際結構的態勢；同時這種態勢也引發了東亞區域安全問題。因此，民進黨的兩岸政策必須在東亞區域安全之間尋求平衡，同時又要在美國和整個全球大戰略中尋求一個平衡。

換言之，在美國所主導的世界秩序中，兩岸關係不是單純台灣跟大陸問題，而要放在整個國際結構裡看待：台灣必須尋求美國全球戰略和中國崛起之間的平衡。中共一直要台灣站在中國一方。但在美國主導的全球秩序裡，台灣不能變成其負面因素。所以，當年陳總統就職演說中提出「不獨」（不會宣布獨立），就是不在區域上去挑釁中共；至於更完整的「四不一沒有」，則是美國可以接受的。馬英九上任後提出「不統」，則是在區域上不去挑戰美國利益。因為台灣和中國統一後，將成為中國陣營，在東亞區域對抗美國。

馬總統大陸政策失衡

再回到國內層次，國內民意和大陸政策之間也要尋求平衡。馬總統最大問題是，他的大陸政策已經失衡了。他認為，大陸政策的數字很亮麗。但為何「九合一」地方選舉時，這些議題卻被追著打？那些所謂「中國概念股」的人站出來後，全變成負面因素。連勝文、郭台銘都是案例。為什麼？因為「失衡」。二〇一二年總統大選連任後，馬英九認為，他提出的大陸政策是正確的。但民意反應其實卻不然。二〇一三年底個人所做的一項民意調查，得到一個從未有過的發現。在被問及「馬英九總統的大陸政策是否符合國家利益？」民調結果顯示，認為「馬英九總統的大陸政策不符合國家利益」者有五〇．五％；認為符合者，只有三二．七％。這在過去從未有過，實在難以想像。同樣詢問民眾，「民進黨大陸政策是否符合國家利益？」，認為不符合者為四七．八％；認為符合者為三〇．八％。這是民進黨長期給民眾的印象，與過去的研究並無太大的差別，因此我們相信這項研究沒有問題，民眾對馬政府的大陸政策評價已經改變了。馬總統失衡的大陸政策已經讓過半數的受訪民眾認為不符合國家利益了，已經失衡了。但是他不相信這項政策已經失衡了，所以才會被追著打。所以在整體戰略上，民進黨要思考如何在北京的對台政策以及台灣國內民意之間尋求平衡，據此制訂其大陸政策。若失衡，情形就會像馬政府目前這樣。

因此，個人臆測二〇一六年總統大選，國民黨恐怕不敢再打「經濟牌」和「兩岸牌」了。國民黨再打這些牌，恐怕會輸得更慘。因為二〇一四年選舉的結果已經顯示這兩張牌失靈了，何況台灣的經濟情況不可能在二〇一六年前有重大的改變，已難以獲得民眾的信賴了。歷史實在很反諷，馬政府靠這兩張牌起家，卻也被這兩張牌被打下去。可悲的是，馬總統到現在為止還深信他的大陸政策是對的，卻沒想到外在情況已經不變。就好像以前的手機品牌大廠諾基亞（NOKIA）一樣，他們一直不解「我沒做錯什麼事，為什麼我被手機市場趕出去？」馬英九也說，「我的大陸政策沒做錯什麼事啊！」但問題是，他的大陸政策已經失衡，且沒有相應外在環境的改變，進行有效地調整。

「九二共識」包裝「和平紅利」

很多人認為二〇一二年總統大選，小英無法跨過最後的一哩路，是因為不接受所謂的「九二共識」。但個人的瞭解，實際情況並非如此。所謂的「九二共識」其實是一個很抽象的名詞，沒有人知道它的的具體內容是什麼？馬政府認為是「一中各表」，北京認為是「一中原則」，國台辦還派官員李亞飛來否認有「一中各表」，如果這就是「九二共識」，這是哪門子的共識？美國在台協會前處長包道格（Douglas H. Paal）曾表示，「九二共識」是一個虛構名詞（fiction），但卻能讓海峽兩岸在這個基礎上務實處理雙方的問題。這是一件蠻弔詭的事，猶如「國王的新衣」故事。

有關「九二共識」是否為二〇一二年總統大選的決勝關鍵？個人曾看過一項學術研究。一開始，選民支持「九二共識」與否，的確影響其投票方向，也就是支持「九二共識」的人投給馬英九，不支持的人投給蔡英文。但是當擺入「馬蔡誰比較能維護兩岸和平」以及「馬蔡誰比較能維護台灣利益」這兩個變數後，「九二共識」對選民的投票抉擇變得不顯著，反而是認為馬英九比較能夠維護兩岸和平及台灣利益者，投給了馬英九，反過來則投給了蔡英文，這種相關達到統計學上的顯著水準。換言之，所謂的「九二共識」，其實是包裝著「和平紅利」。馬英九在當時被認為比蔡英文能維護兩岸和平及台灣利益，比較能夠創造「和平紅利」，因此勝出。可是到了二〇一四年的「太陽花學運」後，民眾忽然警醒，馬政府多年來的兩岸經貿開放政策，的確創造了一些「紅利」，但是這些「紅利」完全被遊走於兩岸的「權貴資本家」壟斷，留給台灣的是產業空洞化，工作不容易找，實質薪資所得倒退到十幾年前。而這些權貴資本家，打著「鮭魚返鄉」

的名號回來投資台灣，卻不是創造工作機會，而是回來炒樓房，甚或賣「地溝油」給台灣的老百姓吃，真是喪盡了天良。因此，當馬政府持續加速開放的步伐，並批評過去的民進黨政府鎖國，情勢就整個翻轉過來，讓二〇一四的「九合一選舉」國民黨遭逢一九四九年以來從未有過的挫敗。所以個人認為，二〇一六國民黨再打「和平紅利」牌，只是繼續喚起民眾這幾年不愉快的經驗，會一路輸下去。

在中華民國現行架構下
談新共識

蔡其昌

1969年4月16日出生，台中市清水區人，現任民進黨立法委員。東海大學畢業後，曾擔任大學講師。在前台中縣長廖永來執政時，力邀他擔任工策會總幹事、民政局長。現任民進黨立法院黨團幹事長。2004年當選第六屆台中縣選區立法委員；2008年第七屆立委選舉實施單一選區，蔡其昌參選台中縣第一選區（今台中市第一選區，大甲區、大安區、外埔區、清水區、梧棲區）立委選舉，以51624票，46.4%得票率敗給國民黨提名的候選人劉銓忠。敗選後，民進黨主席蔡英文力邀蔡其昌擔任發言人一職，並捲土重來，在台中市第一選區參選立委選舉，2012年1月14日再度當選為第8屆立法委員。派系屬新潮流系。

身為民進黨中生代的立法委員蔡其昌有多次赴中國大陸交流的經驗。他認為，面對中國大陸，國民黨表面喊中華民國，實質已經棄守中華民國。對比國民黨，民進黨反而更能捍衛中華民國主權的存在。在民共互動上，雖然缺乏「九二共識」的互信基礎，民進黨仍願意和中共談新共識。但會在中華民國現行架構下進行。以下為訪談內容：

過去多年和中國人士打交道的經驗讓我發覺，中國涉台部分官員和常來台灣的智庫學者，基本上比較了解台灣民主和法治，能理解台灣歷史演繹出來的思維脈絡。相對在詞彙運用上、思維表達上，和他們交流比較能進入一種有效率的對話；相反地，和中國內陸的官員接觸時他們仍表現出一副還活在「石器時代」的兩岸關係。這樣的交流比較有差距。

台灣人對中國產生新問號

二〇一二年的總統大選期間，國民黨把兩岸牌作為主打的王牌。面對二〇一六年的總統大選，這張牌是否有效，必須從以下方面來探討：過去以來，在台灣選民的結構和思維理路上，無論基於利益或基於恐懼，民眾常給予中國過高或過好的評價或幻想。簡單說，就是和中國相處好，才是對台灣未來有利。

但這幾年來下，即便《兩岸經濟合作架構協議》（ECFA）早已簽署，但實質效果並未展現。同時，中國經濟結構也在轉變，台商不再是像過去那樣的備受寵愛，或在相對競爭優勢上，呈現節節敗退現象。這凸顯兩岸關係已進入了一個新變化；加上香港問題、新世代的新愛國主義抬頭，都會讓兩岸關係，或是中國這個符號在台灣人心中的形象產生新問號和新挑戰。

從上個世紀末以來，台灣民眾常一味認為，中國可以帶給台灣利益，或是中國崛起是美好之事的神話近年來都一一破滅。因此，當台灣有人去取得中國這個「神明」的代理，過去是優勢，現在則轉為較為負面評價；當這些代理人在兩岸交流裡奪取不合理的特權、交易充滿黑箱時，台灣社會會開始質疑，這個代理人究竟是神棍或是信徒？這就是國民黨優勢迅速消失的原因，兩岸紅利變成兩岸負債。

其次，中國也必須重新調整思索，友藍不友綠的政策是否正確？

「九二共識」牌效果將大打折扣

至於當初國共兩黨大打「九二共識」牌，民進黨是否要調整兩岸關係的立場，這涉及到「顧客口味是否在變化」。過去以來，台灣民眾可能認為和中國交流將帶來種種好處。但現在顧客的口味已經改變，想吃「鹹」的了，國共兩黨仍然推銷甜品，當然得不到好處。

以前，國民黨利用強大媒體和在民眾身上累積刻板印象指稱，民進黨是「鎖國」。但從事實來看，二〇〇八年以前的執政期間，民進黨開放幅度極為驚人。馬英九總統常罵前總統陳水扁開放一大堆，但另方面又痛罵民進黨鎖國，兩種說詞高度矛盾。本質上，這是國民黨利用民眾的刻板印象和民粹操作所形成的結果。因此，「九二共識」牌在下一次（二〇一六年）總統大選的效果將大打折扣。

事實上，這幾年，民進黨也在調整，並務實著重在「守主權」這一領域。以前，民進黨支持者會高喊「台灣共和國」。現在即便有，但更多支持者寧可先承認中華民國的存在，國名稱為「中華民國」，因為這是守主權的概念，這是民進黨回到《台灣前途決議文》架構裡：台灣是一個主權獨立國家，國名為「中華民國」。

只是，中華民國並非是「正常」國家。因此，民進黨想辦法讓這個國家更完整。如今，民進黨的調整正對比國民黨在放棄中華民國、放棄國旗。例如：當年海協會前會長陳雲林來台、熊貓來台、各式各樣中國官員來台，我方開始收國旗、收國父遺像、開會時不敢講中華民國，國民黨宛如棄守中華民國，反而是民進黨在填補這塊。

因此，外界可以在民進黨主席蔡英文桌上看到中華民國國旗、開始暢談一九九九年《台灣前途決議文》，使其成為民進黨的兩岸關係指導原則。民進黨全力捍衛中華民國，這就是務實。過去追求「新國家」的出現，現在卻開始擔心中華民國這個國家不見了。

未來，民進黨如何和中國找到一個不叫「九二共識」的新共識是民共最大問題。民進黨早已具備能處理兩岸關係的人士。但在未有新共識前，雙方欠缺邀請的媒介、剩下這一座橋樑還沒有弄好。或者說，橋樑事實上也有，只是雙方是否要去承認這是一座新橋。

缺乏互信是民共最大問題

再者，中國也欠缺信心。北京是一個外表像是巨人、內在信心卻像小孩。在民進黨執政時，北京接受國民黨的「九二共識」、允許國民黨在台灣高喊中華民國萬歲。但中華民國萬歲不是另類台獨嗎？但北京政府不在乎，可以接受。只要國民黨去中國談「九二共識」，回台灣高喊中華民國、選舉時拿國旗出來揮，這些北京都能接受。反過來，當國民黨拋棄中華民國、民進黨進一步接收，民進黨若執政可否高喊中華民國？以中華民國名義和中國交往，中共接不接受？若中共仍叫民進黨這種舉動為「台獨」，代表中國缺乏泱泱大國的信心與民進黨的信任。

民進黨願意和中共談新共識，但會堅持在中華民國現行架構下進行。民進黨很願意擱置主權爭議。要叫北京承認中華民國的主權當然很困難，但中共要正視台灣擁有主權的事實。

中國雖然是泱泱大國。但對民進黨的信任仍極為薄弱，甚至對缺乏自信心，以至於不敢和民進黨共同搭一座對話平台的橋樑。民進黨想重新搭建一個共識，一樣創造模糊、擱置爭議，問題是北京當局敢嗎？

台北市長柯文哲也提出「一五共識」，這是正確的概念。「九二共識」如今只剩下一中，沒有「各表」。國民黨對中華民國的主權退讓過多。因此，兩岸應該去創造一個新共識，無論其名稱為何。不只柯文哲提及，連民進黨前主席蘇貞昌和蔡英文都提過「台灣共識」。但民共兩黨缺乏信任，北京也不願、也沒自信面對。

因此，現在民共最大的問題就是缺乏互信。但民進黨態度很務實地瞭解，中國就在台灣旁邊，對台灣虎視眈眈。民進黨一定要處理中國問題。因此，民進黨不應懼怕，也沒有懼怕的條件。民進黨要作為要領導國家的政黨、邁向執政黨，不可能閃躲這個問題。民進黨必須要誠實、務實找尋對台灣最有利的角度，找到和中國大陸相處生存之道。

談判程序要透明化

關於和立法院最有關係的兩岸爭議性法案，如《兩岸協議監督條例》、《兩岸服務貿易協議》等，台灣社會已經聽得懂這些爭議法案，也瞭解反對的內涵為何。

台灣社會瞭解，兩岸談判的背後是某些家族在兩岸利益裡的糾葛不清。此時，台灣人民對這些人當談判代表抱持著高度不信任態度。尤其，當程序不正義時，政府要強調對台灣多有利，百姓不可能相信。

民進黨在處理《兩岸經濟合作架構協議》（ECFA）時，也講得很清楚，民進黨不反對。甚至蔡英文也提過貿易投資框架協議（TIFA）模式，像是堆積木一樣，一塊一塊談，還要有配套模式。因為自由貿易協定是兩面刃，一刀下去，必定有利和弊。弊的部分就要談配套、談判程序也要透明化。

台灣社會也開始從日益凸顯的貧富差距瞭解到，兩岸談判進行好幾年，最後得利者竟是少數人，以至於兩岸關係矛盾已內化成台灣內部的實質矛盾。

民進黨同意，兩岸關係要穩定和平發展；民進黨也認同，因為兩岸人民往來密切，權利義務要重新釐定；民進黨也贊同，兩岸的商業貿易行為需要有相關協議和保障。但誰去談、如何談、內容是什麼？這些才是關鍵。馬英九總統的操作仍然是從民粹出發，仍從掠奪利益思考兩岸問題。所以就亂扣民進黨帽子，指稱兩岸關係就是受民進黨破壞，導致兩岸經濟交流無法持續。馬英九沒有站在治國的角度在思考兩岸關係，因為選舉需要，他只想把民進黨打成一個魔鬼。

兩岸牌效益低

馬英九不懂得如何透過民進黨，在兩岸操作黑白臉策略；不知道如何從中找到共識，讓國家能往前走。他只有火拚一招，導致國家整天烽火連天、哀鴻遍野。這個總統每天都在戰爭。為何兩岸談判代表團裡，民進黨不能參與？陳雲林來台灣，民進黨為什麼不能抗議？早期，蔣介石和蔣經國時代都還會操作兩手策略；李登輝還會利用學運，把非主流搞下台。但馬英九卻不懂這些。這讓台灣百姓會開始質疑他，根本就是中國的人馬、怎麼守得住台灣人的利益？

這些種種氛圍都在台灣內部改變、調整。以至於國民黨要再度操作兩岸牌，效益會很低。

在《兩岸協議監督條例》的爭議上，民進黨主席蔡英文已找公民團體至少談過兩次以上。因為民進黨想要通過，才會找公民團體來協商。但國民黨作為執政黨，卻遲遲未有動作。這不是做事情的態度和方法，哪有可能都不找人家談，還硬要通過。這擺明想戰爭，而非讓國家往前走。

國民黨若要強行闖關，將會爆發新問題。到時，國民黨又要扣民進黨帽子。但這個效益會愈來愈低。民進黨要成為執政黨，都必須正視這些爭議。因此，兩岸協議談判必須要有透明程序，台灣必須要有小國靈活作戰的方法，才能面對險峻的環境。

至於兩岸的爭議性法案是否會在立法院於二〇一五年上半年通過，端視於國民黨的態度。因為球在馬英九手上，看他如何操作。若他仍然想搞對立，最終很難通過。民進黨對公民團體相對友善，至少展現協商溝通的態度。如今，公民團體都不相信國民黨政府，國民黨卻還不找他們溝通。

在二〇一四年的九合一地方選舉後，北京當局一定會有一段冷靜思索期，審慎觀察和評估台灣內部變化。例如公民團體崛起，形成一股氣候力量；民進黨在地方選舉大勝，這些對中共而言都是新局。現階段，中共不會躁進，而會去透過各種訪問團、智庫、台辦系統來台灣，重新評估瞭解台灣現況，並觀察二〇一六總統大選的走勢。

中共須更務實處理兩岸關係

北京當局不會選擇一條永遠不和民進黨往來的道路。特別是民進黨已經取得過半數的執政縣市。這會讓中共用更務實態度處理兩岸關係的發展。

民共交流不會有大問題。但要問的是，究竟要的是什麼樣的交流，而非為交流而交流、為去而去。處理兩岸議題，只要對等尊嚴、不要對台灣進行踐踏式羞辱，都可以很正常來往。

先前，我跟著小英基金會的林全執行長率領的參訪團前往中國時，那是很好的經驗，和對方互動得很自然，也無須誇大。這樣的交流久了後，就會很自然順暢。因此，民進黨處理和中國的交流互動，無須太過刻意，就是在很自然、開放的情況下進行。

有些藍營的人指稱，一旦民進黨重返執政，兩岸經濟交流就會中止。這種說法，就像當初有人說，民進黨一執政，國家就滅了。其實，這都是恫嚇說法，不願去瞭解民進黨的思考和轉變。只是一味去貼太多標籤或做操作，對兩岸關係沒有太大幫助。

在兩岸政治對話方面，無關時間表的問題。因為，台灣的民主政治是建立在共識上。但台灣社會有沒有這樣共識、有沒有這樣需求，能帶動台灣政治人物在此一問題上前進或後退？

兩岸關係須從底層發起

兩岸政治對話需要時間去醞釀或發展。例如：美國一路背後在操作台灣，甚至美國在台灣賺了該賺走的政治和經濟利益，但台灣人卻極為感激美國，甚至還有人主張要成為美國的第五十一州。

但中國和台灣語言相通、地理相近，又口口聲聲說要讓利，但台灣人卻畏懼、討厭中國。即便不討厭中國，嘴巴說喜歡，是因害怕而說喜歡。這凸顯的是，中國所呈現出來的，和台灣社會的思維、理路、生活經驗、對於人的基本價值差距極大。兩岸要談政治，先問網路上的台灣年輕人，看看是否要跟中國的網路環境一樣？

因此，不是國民黨或民進黨要不要進行兩岸政治談判，而是台灣社會有沒有那個基礎？因此，這不是政黨在兩岸政治談判上訂定一個時間表，而是社會氛圍和兩岸之間差異沒這個成熟條件。兩岸關係需要一個從底層發起，從制度、文化、思維價值上，必須要有一段很長時間進行融合。台灣對美國的好印象就是這樣形成的。若缺乏這些條件，談政治對話或談判，根本不可能。

兩岸關係建基於法治和民主化

鄭麗君

1969年6月19日出生。1992年台灣大學哲學系畢業，1995年取得法國巴黎第十大學哲學系畢業，先後就讀於法國高等社會科學院歷史與文明碩士班及法國高等社會科學院制度經濟學碩士班，1997年成為法國巴黎第十大學哲學博士候選人。留學法國期間於1996年至1997年擔任「留法台灣同學會」發起人兼會長；2001年至2003年擔任東吳大學政治系兼任講師，2001年至2004年擔任財團法人台灣智庫辦公室主任。2004年5月20日，就任行政院青年輔導委員會主任委員，是民進黨政府時期最年輕的部會首長與內閣閣員。現為中華民國第8屆不分區立法委員，財團法人青平台基金會董事長兼執行長。

關於民進黨處理兩岸議題，民進黨籍立法委員鄭麗君認為，長期以來，兩岸關係的論述權多被國民黨掌握。在二〇一六年前，民進黨必須要重新拿回兩岸關係的話語權，避免被國民黨詮釋。因此，她強調，兩岸關係的處理模式必須重新設定，要回歸到法制面和民主面的工程，建立對外談判和處理對外協議的制度基礎。以下為訪談內容：

對兩岸問題憂慮來自黑箱作業

要探討二〇一四年「九合一地方選舉」和「兩岸關係」是否有連動性問題，必須先從體制面切入。台灣因缺乏國會期中選舉，某種程度上，地方選舉帶著一點期中選舉的成分在。國民黨在九合一地方選舉慘敗，最大原因仍是台灣人民對馬政府執政失望，所呈現出來的民意。短期原因是，台灣人民對馬政府不再有期待、感到失望，包括社會運動的發展、國民黨執政縣市、中央層級出現弊案。光弊案就從行政院秘書長，延燒到副縣長、縣長、議員等不同層級。執政失望是主因。而眾多的社會抗議事件和社會運動都把國民黨執政問題一一凸顯。

二〇一四年的「太陽花學運」支持兩樣主張：一是「兩岸透明化」；二是「代議體制失靈」。社會運動指出這兩點，也是人民對馬政府不滿的最大目標。所以，國民黨在九合一地方選舉慘敗，兼具了期中選舉的民意失望和人民對兩岸政策的不安全感。

九合一地方選舉後，民進黨秘書長吳釗燮曾在美國指稱，該次選舉和兩岸關係無關，但我認為，民意失望和兩岸關係的因素皆有之。原本，地方選舉未必等同於期中選舉。但因台灣缺乏國會期中選舉，而讓九合一選舉涵蓋期中選舉的效果。台灣人民把對國民黨政府的氣，出在地方選舉上；加上候選人相互一比，凸顯出國民黨的眾多問題。

近年來，台灣的社會運動都直指「兩岸黑箱」作業，已成為台灣社會的共識和共同焦慮。因此，兩岸因素對這次九合一選舉的影響仍占有相當大的比例成分。從國會角度看問題，兩岸因素的確非常大，有一定影響力。

台灣人民對兩岸問題的憂慮，來自於黑箱作業，其逾越了民主體制。從人民角度看，他們發現，國會竟沒法監督，代表人民的代議士無法監督政府。對人民而言，國民黨政府宛如脫韁野馬，這是很簡單的感覺。因此，馬政府在兩岸上有點走過頭，走的方法也不對，明顯逾越了民主原則。

馬英九總統常把兩岸政策失敗，全怪罪在民進黨身上，這種看法很幼稚。馬英九已擔任總統，難道他不知道要維護的，就是民主憲政體制優先、民意優先？結果，他卻怪罪國會、怪罪人民、怪罪立法院監督行政院。他的論點充滿「民主幼稚」，完全說不通。從國會角度，立法委員還認為，國會太弱勢，缺乏聽證權、調查權、兩岸協議監督條例。但政府部門要和中國談判，事先不送審、事後備查。這樣的國會宛如被拔了牙的老虎，也等同人民被拔了牙。

民意代表由人民選舉產生，連立委都不知道兩岸談判狀況，人民根本無從得知兩岸進行中的協商內容為何。所以，馬英九的一番話，完全凸顯其民主幼稚，才怪東怪西。若馬政府真有心，必須先建立一套民主運作機制處理兩岸事務。台灣是民主化國家，如此才能反映民意主流意志。

交流須從人民和民主角度出發

正確地說，民進黨並不反對兩岸交流。從一九九九年的《台灣前途決議文》，時任民進黨主席林義雄就瞭解到一點：台灣前途是由台灣人民用民主程序決定。台灣願意跟中國友好往來；經貿也願意發展互利交流。民進黨的兩岸政策非常清楚，沒有什麼改變：兩岸要友好和平、經貿交往要互利。

但是現在的兩岸衝突是台灣內部矛盾。馬政府公然破壞民主體制、同時出現兩岸交流失衡、出現黑箱、權貴化現象，違反社會公平趨勢。這些重大問題造成台灣社會反彈。但這些問題卻跟民進黨長期堅持的價值有關：民主透明、人民決定參與及維護社會正義。

國民黨政府的兩岸經貿交流並未讓台灣社會更公平正義，反而更形惡化。民進黨堅持，兩岸交流必須從人民和民主角度出發，民進黨不贊成國民黨既有的兩岸交流模式。所以，民進黨並未抵制和中國交流，而阻礙馬政府的兩岸政策。馬英九的說法早已沒有市場，失去人民的信任。

年輕世代承受雙重壓力

若分析近幾年來的台灣社會運動可以發現，二十多年前的社會運動基本上不談統獨和兩岸議題。因為，我們這一代認為，談統獨和兩岸會遮掩掉社會公平及階級的問題。這是當時的主流觀點。但當前台灣年輕世代承受的是雙重壓力：台灣內部經濟發展轉型的不完整，導致就業機會減少、薪資衰退；外部則有兩岸交流黑箱權貴化問題。即使台灣因兩岸交流而獲利，卻集中在少數人身上，一般人民並未共享到成果。這雙重因素造成當前中產階級和台灣人民的貧困化。

因此，近年來的社會運動和學運都直指兩岸問題。這是一九八〇、一九九〇年代的社會運動過程中，並未出現的狀況。當前的社會運動反對兩岸黑箱交流、反對犧牲中產階級和年輕人利益，反對為了少數人利益、特定財團的兩岸交流。簡單說，就是兩岸權貴階層。台灣年輕人和中產階級反對這樣的交流趨勢，這種趨勢不利於他們的未來。

香港爭取民主過程中出現的激烈對抗，背後一部分因素凸顯出，香港年輕人對自己未來的焦慮感：香港被整合到大中華一體化過程中，政治喪失自主性、經濟也失去希望。因此，從香港和台灣的社會運動中看得出來，馬政府失去民心的主因，有一部分是在兩岸問題上的處理。

產業轉型、經貿交流法制化

台灣社會的不公平和內部主要在兩部分：內部因素是，經濟結構轉型失敗，必須加以檢討。過去，政府只幫特定產業成長，卻忽略了中小企業和大多數人，只針對就業導向成長模式，而造成薪資退縮。這個惡果已經出現。馬政府的產業轉型失敗，讓台灣錯過很多時間。

外部因素是，國際經貿自由化。台灣在發展過程中，政府應該要意識到，如何在經貿自由化過程中，維護大多數人的利益；人民的工作機會和薪資如何同步成長。在和兩岸經貿交流和對其他國家的經貿自由化過程中，政府必須要具備一種思維，避免貧富差距加速擴大、不利於社會公平。

如今，這兩大方向馬政府都完全失敗。前者攸關產業轉型、人才培養等，都缺乏整合；後者是一味為了兩岸交流而交流，為簽而簽。馬政府很幼稚地拿了兩岸簽署多少協議、和多少國家簽署自由貿易協議（FTA）當政績。這是很媚俗的選舉操作方式。

這反而不利於細緻化處理和面對台灣在國際經貿的整合。所以，首先產業要先進行轉型，政府要具備遠見，這是民進黨努力的方向。其次，國際經貿交流要走向法制化的工程建立。兩岸協議監督條例只是其中一個。世界仍有非常新進的國際貿易趨勢，馬政府都未去深入了解研究。例如文化交流上，像台灣就把文化當成自由化國際經貿一部分。但很多國家已開始主張「文化例外」原則。

文化應排除在自由貿易談判外

除了文化主體性外，文化最重要就是本身的特色。如果國家沒有自己文化特色，文化產業不會有競爭力。很多國家開始主張文化例外，像歐盟和美國在自由貿易談判中，就排除掉文化教育領域。台灣和紐西蘭簽署《台紐自由貿易協定》時，因為紐西蘭的要求，也採行「文化例外」作法。但台灣卻不知道、沒有感覺。文化部甚至不知道有「文化例外」。

先前，我在質詢時任文化部長龍應台時，她完全不知道「文化例外」。紐西蘭當初堅持兩個：一是文化例外，二是原住民權益。由此看得出紐西蘭政府關注主體性的思維。紐西蘭政府在對外談判時，考量到人民的利益。但馬政府卻不夠用功認真去了解國際趨勢方向，而忽略在對外經貿談判時，如何去預防內部社會衝突，甚至應要更細緻地在文化教育事務、醫療等具有公共性產業去一塊塊處理，而不是全部都以科技產業思維，進行全面性關稅開放，這已經是最老舊傳統的作法。

馬政府在對外談判的法制化工程幾乎是零。事實上，台灣口口聲聲喊出經貿自由化，但我們到底準備好什麼？實際上，什麼都沒準備，也缺乏社會共識、毫無共識和戰略目標，更無法制化，連《兩岸協議監督條例》都沒有。這些法制工作完全沒有做到，最後演變成「黑箱」。兩岸技術官僚缺乏談判戰略和戰術，缺乏談判的法源依據。最後依賴的，很可能是圍繞在馬政府身邊的財團企業。而整個結構都是一個反民主結構且不專業。

因此，民進黨一旦重返執政，要面對台灣兩大內部問題：一是產業前瞻性轉型。產業轉型必須要拋棄過去經濟成長思維，也就是「GDP主義」。只是堆積產值，但成果只集中在少數人身上。大多數人的工作機會卻不斷流失跟薪資退縮。而薪資成長關鍵在人才培育。教育是未來產業轉型最重要的政策，從基礎面出發；國際經貿交流上，必須回歸民主跟法制。透過民主體制，慢慢運作出民意之所向，無須過於急切，而要一步一步，循序漸進處理對外經貿議題。

民進黨「先歐美、後中國」

馬政府的作法，都是先限定今年要談成什麼。這種作法等同底線先曝光後，隨便對方開價。美國和韓國為何在自由貿易協議上談判如此長久？因為國家政府可以為了捍衛自己利益，能夠一談再談。但是馬政府卻走向媚俗的選舉政治，而公布特定期限要達成什麼特定目標。既然時限都設定好了，就任人宰割。我們應該要循序漸進，先把基礎工作打好、把監督條例建立好，準備好法制工程，回歸民主運作，讓民意來決定走向。

所以過程中，要先建立起程序正義。對於實質目標，民進黨和國民黨有完全不一樣思考。馬政府是「先兩岸、後國際」，其施政重點，及各部會預算都可以看出來這點。很多部會的預算都有編一筆兩岸預算，再另外編一筆國際預算。

事實上，中國就是眾多國家的其中一個。但馬政府的部會預算就分成兩塊，比例差不多。因此，從預算跟政府施政項目內容來看是失衡的。有人認為，兩岸語言相近、關係綿密，有交流的必要性。這個說法沒有錯。但不能阻礙台灣走向國際的步伐。因為馬政府「先兩岸、後國際」，造成經貿、教育、文化等等領域越走越窄。

針對兩岸、國際兩者間，孰輕孰重的問題，民進黨內部的看法一致，民進黨把兩岸放在整體布局的一部分。民進黨認為，「先歐美、後中國」，東南亞國家則要一個一個去談判，先和一些比台灣經濟發展、法制建設更成熟的國家進行協商交往，接著再慢慢處理相對落後的國家。為何要這麼做？事實上，兩國進行經貿談判時，從很多國際趨勢裡會發現，雙方國家標準若沒有建立共同標準，先進的國家標準會往下拉。例如，台灣和中國談判過程，中國在人權的相關法律保障、人身自由保障較少；環保、言論自由標準也較低。台灣是否要接受或妥協？

若妥協，台灣自然會被犧牲掉原本較好的原則。但若先和先進經濟體、成熟法制國家談判，像《台紐自由貿易協定》，我們涵蓋了文化例外，在國際談判中，台灣還可同步改善國內法制標準，讓台灣更進步。因此，民進黨不反對兩岸發展經貿關係。但在整體布局上，台灣必須要先走向國際的道路。

現在回過頭檢視，當初《兩岸經濟合作架構協議》（ECFA）的效果被馬政府誇大。當時，馬政府也說，簽署《兩岸經濟合作架構協議》後，中國會讓台灣跟其他國家簽自由貿易協議。但現在，馬政府官員卻告訴台灣人民，中國全面阻撓台灣和其他國家談判自由貿易協議。

這表示，當初《兩岸經濟合作架構協議》簽得太快，這是為了馬英九拚選舉，用自己的邏輯思考問題。當初，馬英九提出「六三三」政見，一旦政見跳票，就指責民進黨從中阻撓；當初號稱，簽署《兩岸經濟合作架構協議》就能帶動台灣的整體產值，國內生產毛額將達到六％，當初是他的美夢，現在卻變成謊言。顯然，馬英九沒有掌握兩岸協商，也未真正讓中國讓步。如今，中國仍繼續阻撓台灣在國際經貿上的發展。

因此最重要地，是政府上談判桌前，心中的原則。若是以國家利益和人民利益為主，自然會談出一個較好的結果。但若把兩岸議題工具化，操作成選舉支票，當成媚俗選舉文化操作，例如「兩岸三通才有未來」、「有九二共識，台灣才有未來」、「有ECFA才有未來」，現在又說「有服貿才有未來」，勢必將讓人民厭倦這種一再跳票的說詞。

二〇一二年，國民黨大打兩岸牌和經濟牌，但這兩張牌恐怕將在二〇一六年破功，台灣人民已經認清國民黨的真面目，這些牌的效果將會大大降低。若再細看二〇一二年的兩岸牌，馬政府操作的邏輯是，先有兩岸共識才能談兩岸、才能談經貿交流；有兩岸經貿交流，台灣經濟才有未來。但這每個等號都不未必成立。

民進黨須拿回兩岸話語權

民進黨應該要向人民說清楚，台灣經濟未來在哪裡、道路怎麼走。台灣要走一個自主經濟成長模式，帶動人民就業和薪資會成長，又能維繫台灣自主性。相對大中華經濟體，自主性是台灣競爭力。當初，民進黨並未把經濟發展模式想得很清楚、講得很明白，才讓人民接受馬政府的那套說詞。

面對二〇一六年總統大選，美國和中國仍然有可能對民進黨施壓。國際政治的現實壓力是會有的。但一個政黨要謹記，其權力來自人民，不是來自美國或其他國家領導人。政黨的權力是人民給的，人民永遠是政黨的後盾，且只要跟著民意走，我相信民主價值，即便其他一些現實力量要去拉扯，若民進黨懂得回歸民主原則，比較有能量跟籌碼去面對這些力量。

當初，台灣在推動公投時，美國也很緊張。當然，有些人批評陳水扁總統的操作很粗糙。但畢竟台灣公投過關了，也讓人民有公投經驗。當人民決定要公投，誰也擋不了。如同台灣以前決定要總統直選，雖然制度很差，但美國人也阻止不了台灣要總統直選。所以，政黨仍要記住，權力永遠來自人民，只要做對人民好的事情，那就是價值。

民進黨提「民主」，很難讓外界反對。任何對外法案或協議，也必須要經過國家、人民同意、歷經程序正義。這些工作，其他國家都已經做了，他們有（處理對外協議）的法律依歸，但台灣還沒有，建立這些工程也不會耗時太久，就看要不要做。

民進黨面對最大的困境是，很多兩岸議題被國民黨詮釋，讓國民黨掌握了兩岸的話語權。但內涵卻有很多不真實的地方，甚至過於簡化，例如有兩岸交流，就有錢賺。但民進黨不敢把兩岸關係極度簡化。因此，民進黨必須要重新拿回兩岸話語權，或許二〇一六年大選之前還來得及。

相對於馬英九政府，蔡英文主席處理兩岸事務時間長遠。民進黨尚未執政前，她就參與李登輝總統的執政團隊。蔡英文有一定成熟處理方式，不會過於躁動，也不會不可預期，會具備一貫性，她會相對冷靜。二〇一二年大選前，蔡英文也提過，不要把兩岸議題當作選舉的主要衝突點。事實上，兩岸議題必須要超越藍綠，必須要意識到，兩岸議題需要謹慎嚴肅面對之。尤其，政黨的任何發言，中國也在看。儘量不要把兩岸議題操作為激烈對抗的工具，而要求取共識。因此，蔡英文才提出台灣共識。蔡英文也盡量不再去批評《兩岸經濟合作架構協議》，她也認知到，一旦執政後，仍要去面對中國。所以，儘量不要把兩岸極端化、簡化。國民黨簡化民進黨就是「鎖國」，這種作法低估了人民的智慧。

在民共互動上，政黨應謹守分際。政黨交流就限定於「黨對黨」。政府體制交流就回歸民主跟法制。所以要先制訂相關法規。但現在，相關工程進度幾乎是零。《兩岸人民關係條例》是要讓兩岸交流後，令許多政策能空白授權。因為該法令把兩岸特殊化處理，造成直接授權行政機關自己訂定辦法，導致法制化缺漏。民進黨應該全面拉回來，做好法制化，訂立兩岸協議監督條例、檢討《兩岸人民關係條例》、自由貿易法、標準和談判程序作業都需重新擬定。簡單說，民進黨不是要停止經貿自由化和交流，而是要重新設定。

面對即將到來的總統大選，民進黨在兩岸議題的論述上，應該要清楚闡述「兩岸關係民主化」，讓兩岸關係回歸民主法治處理、協商。把這一工程釐清，我相信有七成以上的民意能夠瞭解。

凝聚台灣共識
靠《中華民國憲法》

謝長廷

1946年5月18日出生，台北市人。1980年代因加入美麗島辯護律師團，因而踏入政壇的謝長廷，在黨外政治運動也是重要的一員。當時黨外力量不斷茁壯，但在戒嚴令的壓制下，瀰漫焦慮的氣息。當時，謝長廷認為組黨是可行之路，是讓台灣走向民主代價最小、成效最佳的方法。他也是民主進步黨黨名命名者、黨綱起草人。曾任台北市議員、立法委員與高雄市市長。民進黨於2000年執政後曾擔任行政院院長，並提出「和解共生」的理念。2007年5月7日，經過民進黨的黨內初選後，成為2008年中華民國總統選舉的民進黨總統候選人；2008年總統大選中敗選後，創設成立台灣維新基金會。他曾提出「憲法各表」主張。

距離二〇一六年總統大選，只剩下一年，前行政院長謝長廷提出，民進黨應該對兩岸政治和經濟舉辦黨內大辯論，釐清具體政策的走向。他認為，民進黨先前提出的「台灣共識」，如不等於民進黨共識，那就應包含國民黨的部分主張。就制度而言，應該是以《中華民國憲法》為基礎；該憲法是現狀，依此現狀凝聚60%以上的共識，才有後盾和中國大陸進行談判。以下為訪談內容：

解讀「九合一」大選結果

二〇一四年的「九合一」大選，民進黨大勝，國民黨大敗，外界很多人把其解讀為，這是台灣社會對馬政府中國政策的不信任投票。但事實未必如此。因為地方選舉是選民對地方縣市長政績的偏好，以及和馬英九總統個人聲望有關，另外一部分，也有是馬英九太過傾中，影響台灣經濟的因素。但我不會解讀成，這等於是馬政府兩岸政策的失敗。

當然，也有人認為，民進黨重新站起後，中共就必須正視民進黨的存在，而讓中共調整兩岸政策、美國會尊重台灣的民主選擇。也許某個程度是如此，但我們必須要很謹慎解讀。

首先，台灣人民希望把自己權利和命運掌握在自己手上，這就是民主的深化。二〇一六年的總統大選和二〇一四年九合一大選不同，台灣的安全、兩岸問題將成為重要爭議的政策之一。

其次，民進黨要了解自己兩岸政策和國民黨兩岸政策的對比。根據歷次民意調查，包括民進黨自己調查，民眾對國民黨的兩岸政策滿意度仍高於民進黨：國民黨的約三五％，民進黨的約二七・三％（二〇一三年十一月民進黨調查）。這意味著，國民兩大黨的兩岸政策都沒有超過半數支持，且民進黨的還低於國民黨的。

民進黨內有一部分人解釋，太陽花學運的年輕人大多贊成「台灣獨立」。但這種解讀並非很全面。台灣年輕人不願意讓中華人民共和國統治台灣，不表示他們支持傳統的台獨主張，或支持台獨團體。我們不能單看民調稱「台灣不受中華人民共和國統治」，就等於贊成台灣獨立有多少支持度，必須對「台灣獨立」加以定義。

此外，美國和中國有很複雜競爭和合作關係。在競合之間，台灣也必須關注自己有多少籌碼和利益。美國前在台協會主席卜睿哲就提過，二〇一六年台灣總統大選，美國會關注自己在其中的利益，仍會公開發言，值得我們審慎觀察。

然而，民進黨卻受制於黨內傳統、保守的一部分深綠族群。他們人數可能不多，但聲音有時候卻很大，這也讓民進黨在兩岸議題上，無法走出去。二〇一三年，民進黨舉辦九次「華山論壇」。最後結果卻只有一個「繼續凝聚台灣共識」主張。

同樣地，中共對民進黨的定位，就是「台獨政黨」，拒絕交往，這也是僵化。就是因為意見不同，才需要瞭解、相互溝通。中共卻認為交往就必須要有前提，要求民進黨放棄台獨立場，承認「一個中國」。但在台灣，一個中國常被解釋為「中華人民共和國」，在內部民主意識高漲下，反而會引起更大反彈。

國際上，中國經濟崛起過程中，東亞國家雖然和美國維持政治和國防的聯繫，但經濟上仍是以中國為最大經貿伙伴。這是現實，每個國家都必須要面對，台灣無法置身事外。我認為，美國仍會繼續支持台灣，但不見得支持民進黨。過去戒嚴時代，美國支持台灣就是支持黨外。但現在，美國是否支持民進黨，端視民進黨的調整。據聞，蔡英文主席三月前往美國訪問，多少背負著說服美國的任務。

對於和中國打交道，我主張，台灣應在總體戰略上尋求一個六〇％以上的共識。一旦台灣內部在兩岸議題上擁有強大共識，有利於台灣的總體戰略。若一個只有不到四〇％民意支持的戰略，對台灣是不利的。所以，台灣內部必須要形成一個六〇％，甚至七〇％以上的共識作為後盾，才有可能和中國大陸談。

現在，雖然民進黨贏得十三個縣市，但總統選舉可能只有五〇％多的支持率，這種贏面很危險。因為只要少了一％以上，就會淪為少數。所以，若民進黨有六〇％的支持率，形成一個民主穩固的結果，才會得到國際社會尊重。另外，即便贏得地方選舉，若輸了中央，民進黨也無法主導兩岸政策，不能保護台灣和人民利益。

台灣共識不等於民進黨共識

當今的「台獨」內涵已經不是傳統的台獨意識。台灣民眾有七〇％稱自己是台灣人。但也有七〇％以上接受中華民國國旗和國號，並認同以中華民國作為台灣的國號。這也凸顯出台灣人民內心的微妙性。

我認為，台灣共識不等於民進黨共識。台灣共識應該包含超越民進黨以外的其他共識，甚至有一部分是國民黨和其他黨的主張。所以，現狀應該也包括《中華民國憲法》現狀。六〇、七〇％民意支持的台灣共識，應該落實在制度上、法律上的穩定性。

我認為「行憲重於修憲」。日前，台灣政壇又興起一股「修憲」討論。這背後其實多少都有政治算計。因為憲法雖然經過七次修改，但諸多制度卻從未實現過，例如不信任投票、解散國會等，台灣至今都未使用過，還未使用就要進行修改，就造成了台灣社會對這部憲法完全沒感情。我認為，要先徹底實行過這部憲法的制度，要讓人民先瞭解到，哪些地方不改不行，這樣才會有共識。否則，大家都吵著要修憲，每次的說法又不同。最後沒人負責和道歉，這些都不是誠實和負責任的作法。

這也是我為何主張，先達成一個六〇％民意支持的台灣共識，並落實在制度、法律上，依照這套制度和法律為基礎，進行兩岸和解和協議，才有堅實的後盾。如今，馬英九政府和民進黨都缺乏這種後盾。要否定，當然很容易。但要往前進，卻很困難。未來要觸及「兩岸深水區」，但國民兩黨都沒超過半數的足夠代表性，如何談？台灣是民主社會。民主社會無人敢違背廣大民意。但社會和政治菁英必須要去帶動和詮釋這些民意。

二〇一六年的總統大選，民進黨可能會重返執政，但不調整兩岸政策，沒有辦法穩定兩岸關係。以現在台灣的政治風向，國民黨大概無法在短期內恢復元氣。因此，民進黨要趁氣勢強的時候進行調整，而非輸了再來轉型，贏得選舉才有自信，最好在大贏之際，有自信反省、調整。我認為，這才是對民進黨最好。

民進黨有些人認為，先贏得政權再調整。其實，這和以前民進黨執政經驗一樣，選前講得很強硬。但選後卻拋出「四不一沒有」。這讓很多民進黨支持者感到被背叛。其實，民進黨平常就應該要和支持者進行溝通，要讓支持者瞭解，民進黨想要執政，必須兼顧理想和現實。

民進黨最大共識：反對黑箱協議

對於仍躺在立法院的《兩岸協議監督條例》、《自由經濟示範區特別條例》、《兩岸服務貿易協議》等爭議性法案，民進黨也要向社會清楚表明，到底是反對條例本身，或反對沒有監督的服貿協議，或反對和中國大陸簽訂協議，又或者根本反對自由貿易、反對全球化，這又有不同的層次面向。

基本上，我認為，民進黨最有共識的是「反對黑箱協議」，所以必須要進行監督。從這角度切入比較好解決。未來，立委大選後，民進黨的席次可能會增加，對行政部門也會有更多約束。因此，第二層次上，民進黨就必須向社會表明，到底用怎樣的立場和中國互動？

韓國、日本都已經陸續和中國大陸簽訂經貿自由化的協議，台灣若拒絕和中國簽訂經貿自由化的協議，對台灣是否有利？民進黨必須要釐清這個概念。台灣是華人社會中最資本主義的社會。中國大陸的土地能私有嗎？新加坡土地能私有嗎？因為台灣是華人社會最資本主義的社會，如何反對自由經濟？尤其台灣是依賴貿易很深的國家，要反全球化更加不易。

未來，無論是誰執政，兩岸經濟和社會的持續交流，我認為，是否贊成與否，都無法避免。只是一旦執政後，如何做的問題。

在經濟交流問題上，台灣這幾年陷入經濟困境的主因是「三角貿易」。所謂三角貿易意指，台灣接單、大陸生產。這才是造成台灣經濟困境的因素。另一個問題是，兩岸經濟利益上，國民黨壟斷和中國大陸的對話，國民黨這些人，坦白說，就是買辦，造成台灣人民的反感。在意識型態上，兩岸處於敵對狀態，經濟獲利又被財團拿走，造成台灣社會對於中國大陸的反感。民進黨執政後，也必須要去處理這一塊。

我們應該利用台灣和中國大陸的特殊關係，讓台灣獲得利益。當中國大陸壯大之際，台灣也一起壯大，而非什麼都不要。否則台灣一定被世界封殺。台灣是海島，對外貿易是必然之路，兩岸的交流仍有必要性。

但台灣和中國大陸互動，爭取的不只是經濟利益，還要爭取一些政治利益，例如台灣的國際地位等。其次，經濟方面，也不能一直讓少數企業得利。我們應該要想辦法促成減少在中國大陸的生產，增加在台灣的生產比重，有工廠製造才有就業機會，台灣才有生存機會。

至於民共交流，其最大困難就是其「必要性」：民共兩黨為什麼要接觸？若只讓國民黨壟斷兩岸的話語權，導致兩岸交流等於國共交流。國民黨壟斷資訊、壟斷代表權，對台灣民眾是不利的。這也是民進黨自己放棄責任。民進黨應該要去爭取兩岸交流的發言權。但民共交流的困難，也出現在中國大陸。中共認為，民進黨就是台獨，所以不和台獨黨來往，只和個人互動，這也是不對的。所以，民共雙方都有必要相互調整。

民進黨應該要保持自信，但不傲慢。民進黨不能說，只要執政了，中共要遷就民進黨。這會讓雙方很難談下去。中共可能會走向另一種思考和藉口來打壓台灣。因此，民進黨應該要展現自信和誠意，凸顯中共的僵化。這樣中共就站不住腳。當然，中國體積大，要轉身相對困難。但台灣比較靈活、民主。

《中華民國憲法》就是共識

在兩岸政治接觸方面，台灣內部若缺乏一個六〇%民意支持的台灣共識，很難跟中國大陸談。台灣誰代表去談，誰就倒。馬英九總統原本提倡簽署兩岸和平協議，起初民調升高到六〇%以上。但談到具體操作，就沒法處理，導致他必須開始切割。

台灣的政治人物和政黨必須要很誠實面對台灣的困難和現狀，要向人民講清楚，並凝聚整體戰略大共識。這個共識當然不會太刺激美中兩國，而台灣也能接受。這個共識就是《中華民國憲法》。

憲政也是中國大陸在走、也必須走的道路。將來，中共領導人的正當性不像當年革命大老，擁有豐功偉業。因此，必須依憲執政，憲法成為他施政的正當性基礎。台灣也應該要如此，要讓中國大陸的人民看到憲法是如此實行的，進而影響對岸的社會。

因此，台灣共識應是台灣最大多數人能接受的公約數，就是現狀。現狀即包含憲法，包含中華民國國號和國旗。用憲法統治台灣。兩岸的憲法都有一個共識，都強調主權在民。中華民國管轄台灣，前途應由在台灣的二千三百萬人民共同決定。

談及主權，中國大陸很敏感，聲稱台灣是中國的一部分，這源自歷史的特別關係。中華民國憲法條文沒有廢掉，過去曾在中國大陸實行，英譯也都有「China」，可見這個「一個中國」不是指既存的政治實體，這讓兩岸充滿想像空間。我認為，兩岸都沒有翻桌的理由。但中華民國當然是統治台灣，中共統治大陸，國號稱「中華人民共和國」。我的定義是，兩岸兩憲互不隸屬，但有特別關係。

我認為，若採用這個憲法各表觀點，中國大陸至少忍受應該沒有問題。二〇一三年十月，美國外交政策全國委員會他們率團訪問台北和北京後，曾提出一份報告：「蔡英文主席說，民進黨了解必須找出美國接受、大陸不拒絕的方案來處理兩岸爭議。但是不清楚民進黨有什麼樣的方案。民進黨不接受以「九二共識」作為與中國對話的基礎，中國方面也了解。但是中共關心，蔡英文如何處理兩岸問題。一位中共官員告訴美方，他在當年七月和謝長廷見面時，謝長廷提出開創兩岸關係新途徑的一些想法，可以被中國大陸接受。」

這位中共官員提到的「接受」，其實就是「忍受」：即是台灣人民滿意、美國接受、中國大陸忍受，這是我想提的原則。中國當然不需要接受民進黨的主張。但中共要能忍受。至於中共忍受的尺度，民進黨也要拿捏。雙方必須透過不斷互動摸索，同時，也維持台灣的主體性立場。

在國際和兩岸的側重上，其實，民進黨面臨的處境，和東南亞國家沒什麼兩樣。政治上，這些國家仍保持和美國往來，或稍微傾美。但經濟上，中國仍是最大的貿易夥伴國。在這樣的現實下，去保護、維持台灣的基本民主和核心價值，並創造台灣更大利益、壯大台灣。

台灣應該要有更高的志氣，去影響中國大陸。主動關心中國大陸的人權、民主憲政。因為台灣逃不掉這些現實。台灣的優勢是，憲政是台灣民主的紀錄。談論憲政不會引發中國大陸的太過情緒反應，依此能和中國大陸對話、和中國的民間團體對話。

全世界大部分國家都很擔心，中國究竟能否和平崛起。但是沒有一個國家真有什麼辦法，好像只有台灣能有這個能耐，因為，台灣和中國大陸有「特殊關係」。這種特殊關係包括語言、文化、歷史關係。因為這種特殊關係，讓台灣可以真正影響中國大陸，台灣應當珍惜，而受到世界重視。台灣將來會變成東西方的一個交流媒介。台灣是華人社會中，民主意識最高的地方。台灣未來會變成在世界憲政史上一個典範，並影響很多人民走向民主憲政，這才是台灣的真正價值。

兩個問題：兩岸政治和兩岸經濟

距離二〇一六年大選只剩下一年，民進黨要做一些調整和中共建立新基礎，可能稍嫌晚了些。但民進黨能做的，還是在兩岸經濟政策上，民進黨要儘速將政策方向釐清楚。原本二〇一四年我希望能多做發揮，但因為遇到選舉年，很可惜這個聲音沒被聽到。

民進黨一些人認為，先拿到政權再說，這也是一個策略。但我認為，這種想法注定不會讓兩岸關係獲得穩定。如今，黨內已經進入總統選舉的備戰狀態，誰都不願意被扣帽子。民共之間可能頂多就是智庫來往，想要推動更進一步的往來，很困難。

民進黨要以自信的心態，和自己支持者溝通：民進黨沒有背棄民主價值、沒有背棄憲法主體性。但在因應整個世界變化中，民進黨是尋求台灣最大的幸福跟利益。

民進黨要有這個自信。當然一定會受到攻擊。通常第一個講的，都會被攻擊得很厲害。我每次提出這個想法，都有許多綠營團體攻擊我，但我並沒有因此倒下，也是繼續成長。

距離二〇一六總統大選，只剩下一年，民進黨內可以有個大辯論，以釐清兩個問題：兩岸政治和兩岸經濟。民進黨應該如何應對兩岸關係？修憲是修什麼憲？如何改變台灣經濟？

當初，日本首相安倍晉三提出改革，也被批判得很厲害。但他說，唯有這條路可以走。我在民進黨黨內提出一些想法，其實也在面臨相同的情況。

我提出憲法各表、兩岸兩憲、特殊關係。反對我的人也應該提出替代方案。但到現在三年多來，卻沒一個人提出來，只提出一個「台灣共識」。但這個共識內容為何？是否為憲法？是否就是現狀？

蔡英文主席的兩岸論述是，從國際走向中國；馬英九總統則認為，應從中國走向國際。從理論上看，馬總統先重中國，民進黨先重國際；但實務上，每天在發生的、在處理的，是國際問題，也是中國問題，這之間其實很難切割。

民進黨提出「從國際走向中國」，究竟是怎麼的具體政策？馬政府提出的「從中國走向國際」又是什麼政策？馬政府提的是，簽訂《兩岸經濟合作架構協議》（ECFA）、《兩岸服務貿易協議》。結果，《兩岸服務貿易協議》在立法院未通過，馬總統就把責任推給民進黨，但事實上民進黨在立法院只是少數並無法直接擋下議案，可見多數民意對《兩岸服務貿易協議》其實仍存有疑慮。

至於民進黨提出「從國際走向中國」，當台灣想和其他國家簽訂自由貿易協議（FTA），有沒可能遭遇中國的反對或抵制，或需要和中國達成某些默契，才能有利台灣跟外國簽訂自由貿易協議？

若要先和國際談自由貿易協議或和美國談跨太平洋戰略經濟夥伴關係協議（TPP），再來和中國談，時間需要多久？可能五年或十年。台灣想要加入東協自貿區，中國允許嗎？台灣自己有能力加入嗎？這些問題，民進黨都要思考。

專論篇

民進黨怎樣
面對兩岸問題

林濁水

1947年出生，現職專欄作家。

經歷：

立法委員（1992～2006）、民進黨政策會執行長、專欄作者。

著作：

《瓦解的帝國》、《世界圖像下的台灣共同體》、《歷史劇場：痛苦執政八年》等書。

十一月二十九日的地方選舉揭曉後，國際媒體幾乎清一色地評論這是台灣親中勢力的一次大挫敗。紐約時報說，未來台獨立場的民進黨一旦執政，兩岸關係將進一步惡化。

感受到民進黨可能在此後選舉勝出的氣氛，早在二〇一四年九月，前美國在台協會主席理卜睿哲十分擔心，他認為美國政府「會在某個時間，以某種方式闡明二〇一六年大選對美國利益的影響」。面對像這類擔心，在選後，民主進步黨秘書長兼駐美代表吳釗燮飛到美國溝通，強調九合一是地方選舉，不是一場針對兩岸政策進行公投的選舉，選舉結果不應解讀為中國大陸的失敗或國民黨兩岸政策失敗的公投。丟出和所有國際國內媒體報導相反的看法，做為預防措施。

吳釗燮這樣講等於在立場上和紐約時報一樣認為馬總統和北京的兩岸政策是非常成功的。

兩岸政策是民進黨選舉罩門？

一九九一年民進黨在國大選舉前夕通過台獨黨綱，接下來選舉結果不如預期，從此形成了民進黨兩岸政策不如國民黨的普遍看法，甚至於認為兩岸政策是民進黨選舉的罩門。[1]這看法許多人到現在仍然沒有改變，[2]吳釗燮很可能就是持這一個看法。民進黨兩岸政策不如國民黨，這雖然在許多人身上，自從一九九一就形成的「印刻現象」，但何謂不如，內容一直有不同的說法，有的認為是民進黨的台獨價值立場，有的認為是經貿的具體政策。直到二〇一三年民進黨在召開

圖一、民眾不認同民進黨的原因

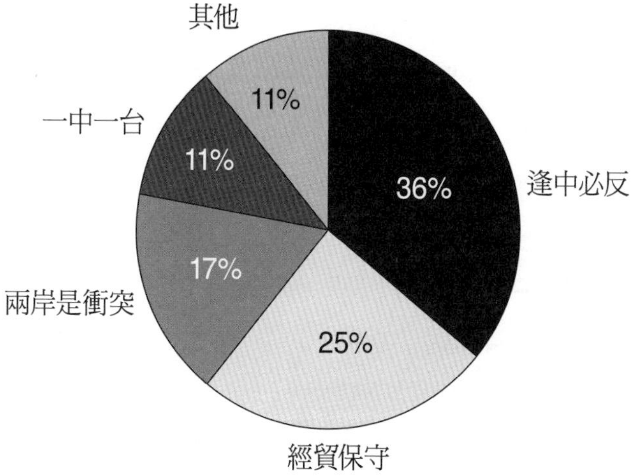

圖二、民眾認同民進黨的原因

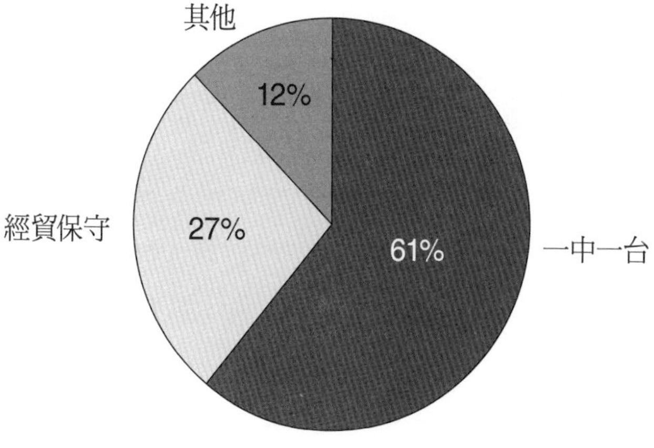

圖三、民眾對各政黨兩岸政策的滿意度（台灣民意指標調查）

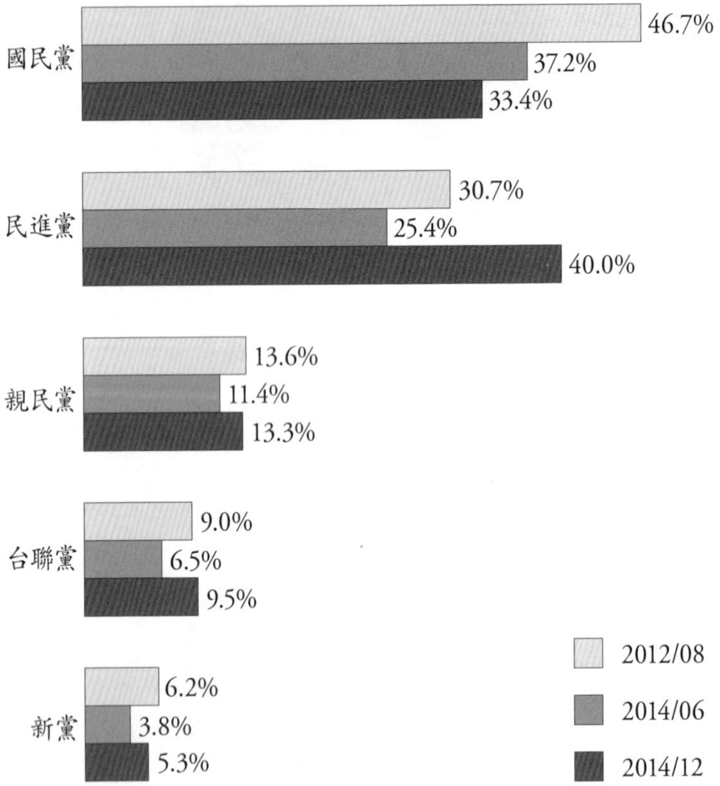

「華山會議」時，終於對這一個問題做了大規模的民意調查。[3]調查證實民眾對民進黨兩岸政策的滿意度的確低於國民黨，是二七・三％比三五％。但是同時也發現，民眾對民進黨最不滿意，民眾最不認同的是「逢中必反」，占三六・二％；其次對中國經濟政策保守，占二五・三％，而因為「一中一台」的台獨主張不認同民進黨的民眾意外的只有一〇・六％，而且認同民進黨的民眾，反而有六一・三％是因為民進黨主張一中一台。至於對國民黨最認同的則是能和中國維持友好關係和經濟開放，而不是一中立場。

由於這一個民意調查是在二〇一三年底～二〇一四年初作的，因此，在太陽花事件之後的這一次選舉，台灣兩大親中黨政世家在台北、桃園兩市的敗選，很自然的，就被大家認為民眾對兩大黨的兩岸政策的評價有了巨大逆轉。從台灣民意指標公司的調查來看，的確如此。

依調查在對岸政府交流較能兼顧台灣安全和民眾整體利益的比較方面，一直到二〇一四年六月仍遙遙領先的國民黨在選舉之後逆轉成以三三・四％落後給民進黨的四〇％。

本來，依「華山會議」的調查結論是，在兩岸關係上，藍綠較勁，民進黨贏在國家定位主權立場而輸在具體政策，換句話說，主權立場／具體政策，藍綠各擅勝場，現在，逆轉之後，國民黨已經立場和政策兩樣全輸了。

民意為什麼會有這樣巨大的逆轉？早在投票之前，宋楚瑜講了一個目前藍綠政界相當流行的說法：「大陸在與台灣進行經濟交流時」，「讓利、施惠」「字眼老掛在嘴上」，但是卻沒有

「跨越滿清末年十三行買辦壟斷式的經濟交流，讓台灣的中小企業能夠真實感受到自己存在的價值。」於是這種兩岸經貿紅利被少數企業獨占的結果就造成了社會普遍的不滿。[4]

「買辦經濟」依附在中國對台統戰網絡中

在太陽花運動中或台北市的選舉中「買辦經濟」，「權貴資本主義」都是一再被提出來批判的議題，這也使得這次選舉和二〇一二年選舉成了鮮明對比。二〇一二年選舉以中國市場為企業重心的台灣大企業家集體為馬英九站台，被認為是馬勝選的重大因素，但是在這次選舉中不斷誇耀中國關係的連勝文大敗，而郭台銘力挺的縣市長也沒有一個不落選的。

一九九〇年代中興起的權貴資本主義，或者是太子商經濟，固然二〇〇〇年後在中國盛極一時，但是在民主化了的台灣，其實難以發展，因此最有名的太子連勝文，二〇〇〇年前後雖然和中國太子同步受僱於國際跨國金融公司，但連勝文卻接連被放棄而離職。連勝文的尋租大業，一直等到二〇〇五年才藉著連戰建構起的兩岸政商王國而重新找到立足點，然而又很快地由於隨著頂新事件爆發和選舉兩大敗，而難以為繼。

既然無論是兩岸「買辦經濟」，或台灣「權貴資本主義」都要依附在中國的對台統戰網絡中，目前還不成氣候，所以實質上說，在太陽花事件和選舉中「買辦經濟」，「權貴資本主義」

成為焦點議題之一，與其說「買辦經濟」和「權貴資本主義」已經在台灣社會累積了重大的傷害，不如說台灣社會警覺到不能放任其發展。

這當然表示兩岸經貿帶來的社會強烈痛苦來源則另有所在，那就是近年來在野人士一再嚴厲批判的台灣經濟太過於依賴中國勞力市場，以台灣接單大陸出貨途徑延續代工製造產業模式造成升級轉型遲緩產業空洞化，失業率居高不下及薪資停滯倒退。

事實上台灣產業空洞化造成台灣社會分配的惡化最迅速的時間其實開始於陳水扁政府上台第二年經濟對中國「積極開放」之時。[5]但是由於對陳水扁的「積極開放」國民黨仍嚴厲批評為「鎖國」，於是民怨轉向國民黨，造成了二〇〇〇年之後台灣政治版圖南部全面綠化的巨變。[6]產業空洞化累積下來的社會痛苦效應，到了二〇一四年終於藉太陽花反服貿運動和二〇一四年九項選舉形成了民怨的總爆發。

二〇一四年習宋會後，宋楚瑜說他認為習近平把宋楚瑜關於兩岸經貿紅利被大企業、買辦集團壟斷的話聽進去了，所以習近平強調將來北京對台經貿政策將會擴大與台灣各階層的溝通，更注意「三中」（中小企業、中下階層、中南部）的心聲與需求。

圖四、1999～2011台灣總體製造業和資訊電子產業台灣接單海外出貨比例

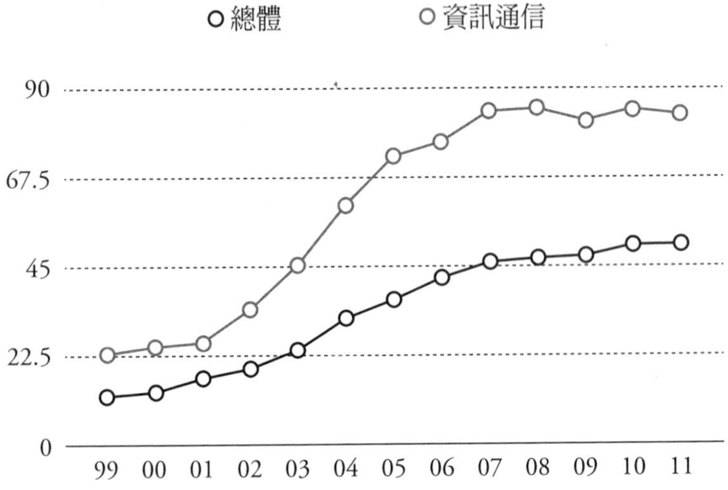

圖五、台灣實質薪資成長趨勢

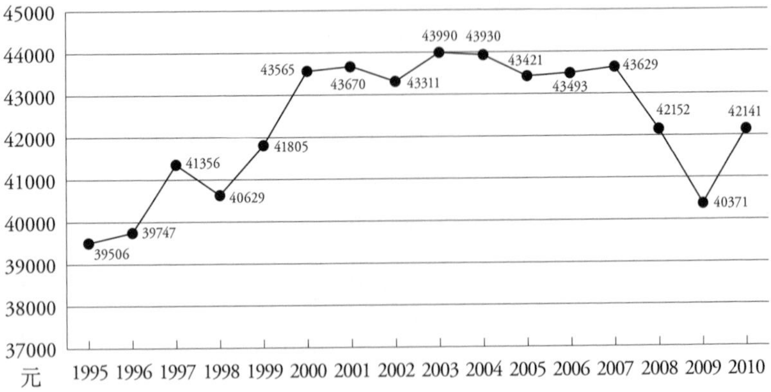

資料來源：工作貧窮工作室

「入島入戶入心」統戰效果有限

其實北京早在二〇〇〇年代初期台灣南部全盤綠化時就警覺到台灣三中的問題了。二〇〇四年胡錦濤宣布對台灣統戰應該「入島入戶入心」，二〇〇八年兩岸兩會恢復往來後鄭立中便在短短期間內在台灣三百多個鄉鎮「走透透」，並特別重視深入中南部貧窮農村搏感情。二〇一四年不食人間煙火的連戰率團訪問中國，在北京授意下台灣村里長聯誼會總會長隨行並發表演說。

然而雖然經中國這樣的努力，二〇一四年台灣政治版圖的綠化仍然由南全面漫延到中北部，國民黨連首都都淪陷，三中問題還擴大為三中一青問題，證明經歷十年，北京「入島入戶入心」的統戰工作效果極為有限。

為什麼二〇〇八年後在親中的馬總統配合之下，中國透過三通談判和《兩岸經濟合作架構協議》（ECFA）談判兩件「讓利」協議之後，北京「入島入戶入心」的統戰工作還會失敗成這樣？這和中國對台灣產業戰略息息相關。

中國在改革開放初期，產業戰略重點採取的是引進台灣「兩頭在外」的代工產業，依這戰略挾勞工充沛優勢，對台灣產生致命的磁吸作用，但是到了兩岸簽《兩岸經濟合作架構協議》時，中國開始面臨了勞動力不足的問題，進入「騰籠換鳥」產業升級的戰略階段，於是在談判時對台灣缺乏國際競爭力的產業讓利，以收政治統戰效果，這策略得到當時國民黨和民進黨兩黨領導人的肯定，以至於使他們忽略了北京對台灣有國際競爭力的產業如面板、高端機械、石化上游原料、汽車整車等四大產業的打壓，這四大產業不止在《兩岸經濟合作架構協議》早收清單中被排除，在此後貨貿後續談判中方也堅持不讓，讓台灣接受完全違背簽訂國家自由貿易協定目的「產業逆向淘汰協議」。[7]

這樣的談判內容，性格上是「戰術讓利，戰略打壓」。在中國「騰籠換鳥」的目標下，所有台灣有國際競爭力而出口到中國的高端機械、石化紡織上游、面板等項目，既在《兩岸經濟合作架構協議》早收清單上被封殺，北京還加碼支持中國廠商擴廠，不惜以生產過剩為代價進行競爭，造成今天台灣的面版、ＬＥＤ、太陽能等電子零組件產業面臨全面被替代危機。[8]不只如此，中國還透過「設定中國規格」的策略逆轉兩岸產業上下游整合態勢，建立和台灣的電子產業的軸輻（hub vs. spoke）關係。如今台灣經濟在四小龍中敬陪末座實在和中國兩岸經貿戰略成功息息相關。最稀奇的是蕭萬長天真地推動的所謂兩岸企業合作平台，這平台如今根本成了中國收編台灣企業建立軸輻關係的統戰平台。

無論如何，中國改革開放之初，鄧小平所謂「讓一部分人先富起來」的政策既然是以台灣來料加工出口模式做為典範，在二〇〇〇年後又和台灣一樣以電子產業為出口的最大宗，今天中國產業雖然在品牌和商業模式上已經有局部領先台灣，但是整個要騰籠換鳥，便以台灣大廠為戰略上的假想敵了。

事實上，在馬總統誤判而配合之下，中國建立和台灣軸輻關係的戰略推動在二〇〇八年談判三通時就成效斐然了。透過談判中國成功地使高雄港從國際航線上邊緣化，國際航商紛紛退租碼頭，在三通協議簽成後貨櫃吞吐量史無前例地連降三年。[9]

中國對台經貿的四大戰略

歸納起來，中國對台灣的經貿依時間不同推出了四大戰略：一、磁吸吸納；二、對台灣有國際競爭力產業的戰略打壓；三、建立軸輻關係；四、圍堵台灣和其他國家簽訂自由貿易協定。四大戰略對台灣的打擊，影響重大深遠，造成的傷害要用「重視三中」的技術性讓利彌補根本是杯水車薪。因此傳統政學界跟隨統戰策略脈絡看，認為中國對台灣是「政治打壓，經濟拉攏」，觀點實在太過浮面。

在政治打壓方面，最近被認為經典之作的便是習近平對台灣突兀地拋出「一國兩制」，這激起了台灣社會的強烈反彈；在這拋一國兩制的同時，北京並絕口不提九二共識，又激起了馬政府強烈的危機感。

「一國兩制」風波值得注意的還不在於他不同於太陽花反服貿和九合一選舉反買辦經濟兩個

「反中」事件性格屬於「經濟性」的，而「一國兩制」風波是「純政治性」，更在於這一件從二〇一四年八月張顯耀共諜案爆發到十一月亞太經濟合作會議（APEC）才告一段落的「一國兩制」風波是二〇〇〇年以來第一次的國共互嗆和二〇〇八年以來第一次的北京台北兩府互槓，而且一嗆就是嚴重的高分貝，互槓就是馬總統被點名是「台灣地方的一個頭頭」，是在不知分寸地「說三道四」。雙方放話互嗆，動作互槓接連不斷，而且愈來愈頻繁，甚至於連馬英九與習近平兩人都親自出馬，氣氛險惡。[10]

二〇一四年十一月二十九日之後在討論民進黨大勝的兩岸未來關係的「面對公與義」論壇中，學者把焦點鎖定在台灣愈來愈台獨化上面，認為選後的國、民兩黨的政治版圖，將牽動兩岸三黨的小三角關係，也對美中台大三角有連動，二〇一六年開始的政局將處於不確定狀態。[11]蘇起表示，台灣認同趨勢愈來愈有利於台獨，中國崛起趨勢愈來愈有利於統一，兩個極端力量相互激盪；民進黨拒斥「一個中國」、「一中各表」及「九二共識」，不僅與大陸對撞，也抵觸世界多數國家的立場，將來台灣對外關係勢必受創。兩岸無論要「和」或「拖」，關鍵全在民進黨要不要由「獨」轉成「不獨」。

這種一切唯獨是問的論斷，無疑的，太過於天真了。他迴避了中國長期以來對台灣經濟「戰略封鎖吸納打壓，戰術上讓利」造成的台灣社會深刻痛苦；也迴避了面對在國民黨堅守九二共識，一中架構之下兩岸政府、國共兩黨終於走到尖銳互嗆互槓的事實。

亞太經濟合作會議會中，兩岸氣氛雖然和緩卻毫無回暖之象，習近平與蕭萬長高峰會時，習近平冷淡對蕭萬長，此後雙方重要協商，如貨品貿易，幾乎沒有進度。這一切都已經說明不獨親中的馬總統和北京的兩岸政策在經過六年的實驗後，產生的，累積的問題之大真是非同小可，兩岸蜜月期早已經走到了盡頭，不管未來是不是民進黨執政，兩岸關係都難再像過去幾年一樣令國民黨心滿意足，現在把對兩岸關係的疑慮的焦點鎖定在民進黨和台獨之上無非是避重就輕，駝鳥行為。

兩岸關係　三黨皆須轉型

無疑的，兩岸關係不順遂，紅藍綠三黨都有程度不同，內容相異的責任。都有必要進行「轉型」。中國由於資源遠比台灣豐富，其轉型對兩岸關係的改善效益將最宏大；相反地，以兩岸經貿戰略為例，中國如果維持既有的戰略，產生的負面作用又最關鍵。

從這一個事實出發，民進黨努力向北京和國際澄清一一二九國民黨大敗，兩大親中世家落選不是台灣民眾對北京強烈不滿造成的，實在不是明智之舉。這個說法固然和普遍的觀察家的結論相反，無法取信於北京和國際社會，還屬於是非常危險的駝鳥行為。因為民進黨這說法若為真，那麼將意味著最有關鍵影響力的北京就不須要在兩岸政策上有什麼重大的轉型的必要，而兩岸關係將難以有效地改善。

國共對於國家定位雖然有站在獨的對立面的共同立場，而把民進黨當成共同的對手，但是國共間仍然存在巨大的矛盾：馬總統的不獨不統不武，沒有一樣北京沒有意見，北京的立場是不放棄武力而不是不武；是要統，頂多緩統而不是不統；至於獨，北京欣然於連戰的反獨，對馬的不獨仍然不能滿意。馬總統主張互不承認主權，互不否認治權，北京也非常皺眉頭。

北京已經十年不提一國兩制了，現在習近平突兀地拋出，一般人認為是習近平已經對雙方的歧異不耐煩而要急着解決國共間國家定位的矛盾了。至於說是習近平預見民進黨二〇一六年會上台所以先發制人，則更屬疑神疑鬼的想入非非。

如果從更宏觀的視角來看，習近平對台灣拋一國兩制還更有中／港／台情勢大變的關鍵因素。

由於一般認為習近平是中國歷來最瞭解台灣的領導人。他當然知道台灣社會對一國兩制有強烈的反感。因此，上台以後一直延續胡錦濤不提一國兩制的作法；不過既由於對台灣問題的自信和國力登頂後衍生的信心，對台政策重心從兩岸和平發展轉移到和平統一；另一方面，為因應二〇一〇年天安艦事件和釣魚台爭議惡化以來急速上升的東亞海域緊張情勢，習近平對台政策採取了比他前幾任中國領導人都更細緻的微調。[12]

本來就中國來說，港台兩地，香港已經不再是統治上的問題，所以習近平在兩者之間以處理台灣為優先，但是很快的，北京發現香港情勢迅速變得愈來愈棘手。二〇一四年中國國家安全會議正式成立，國務院港澳事務辦公室被納入委員會內，接著中央港澳工作協調小組組長，人大委員長張德江出任國安委副主席，相對的負責台灣的政協主席俞正聲則否，[13]這些在在顯示北京政策選擇港台事務何者為優先的移轉。所以北京對台重拋一國兩制，目標一是對香港隔山震虎，重塑一國兩制對香港的權威性；二是優先處理香港之後對台拋出寧左勿右的安全球，對台不再求有急功但求維穩。也因此很自然重心反而再度從和平統一轉移到和平發展。[14]

港台發展和大一統策略扞格不入

在二〇一四年八～十一月的兩岸互嗆互槓過程中，我們可以發現北京對台灣出手頻率最密集，力道最重，反應最迅速的都是在台灣官方聲援香港人占中行動時，可以說台灣若有「惡聲至」則北京必馬上強力「反之」。

港台公民、青年學生在二〇一四年，在太陽花和占中運動中各自擺開既有的在野主流，也就是香港泛民派議員，台灣民進黨，而以不可置信的動員技巧、巨大規模聲勢和持續力而隔海互相呼應串聯，令北京大大震驚。香港的占中運動更逼得台灣朝野政黨都必須聲援，令北京更加憤怒。然而北京也在震撼之後，前所未有地不斷重復習近平的話「兩岸選擇不同的政治發展道路，台灣同胞對於社會制度和生活方式的選擇，大陸予以尊重；希望台灣方面尊重大陸十三億人民的選擇與追求。」

近三十年來港台的發展是愈和中國大陸交流則愈各自形成自己的主體性認同和本土文化認同，也愈和北京既定的大一統策略杆格不入，甚至磨擦愈來愈嚴重。這是一個非常嚴肅的課題，絕對不是北京認為的，港台因為外力介入而滋生異端邪說那麼簡單的一回事，更不是什麼台獨思想擴散到香港的問題，甚至還不是港／中，台／中經濟體的產業戰略的磨擦問題而已，而應是一個更歷史性也更深層結構的文明衝突的問題。

香港和台灣三十年來民主運動過程中，對民主、法治、公平、正義、本土性、主體性、命運共同體意識的許多同質性的概念和內容很明顯都是各自由下而上發展出來的，而不是任何領袖由上而下共同串聯共同規劃出來的。換句話說，港台是各自發展之後才恍然發現在民主化過程中，彼此原來有這樣多的共同性的。我們可以說，由於歷史的陰錯陽差，和北京有共同漢文化根源的港台兩地，由於北京急急於推展他的統一策略，才發現彼此在不知不覺間享有了和中國大陸經常格格不入的共同的文明。而許多港／中，台／中間浮現出來的磨擦原來就是文明的磨擦。

這種磨擦或衝突在中國內斂的韜光養晦時期並不會發生，然而到了中國大國意識油然隨國力上升勃興，開始向外強烈投射他的影響力之後便愈演愈烈。

文明的衝突當然更早就發生在北京和新疆、西藏之間了。在大清帝國時代，北京基本上採文化多元主義統治藏、疆、蒙、漢、滿，在不介入彼此文明生活的規劃下建構了多元帝國，但是中共建政後在大一統的彌賽亞主義之下，強烈介入少數民族的文化革命，並壓縮其政治的自主性，要把多元帝國跳過聯邦，直接型塑成一單一國家，於是衝突不斷。更想不到的是半個多世紀後的今天，文明衝突竟然進一步在同屬漢人的中／港台發生。

事實上，中國本部和外面世界出現的文明衝突，範圍還要更廣泛，例如，近年他和海域周邊國家的緊張關係就是。

直到一九八〇年代中國仍然充分表現陸封型大陸國家傳統的厭海性格，對面向海洋發展毫無興趣，在軍事上採取的是近岸防衛戰略。等到改革開放後，海上貿易迅速成長，便愈來愈重視海域權益。並且醞釀一種內涵雖然不清楚，卻顯然受到陸權觀念強烈支配的中國式海權觀。這樣的海權觀，經常把領域國家的陸域領土的想像投影在廣濶的海域之上而和周邊國家遵守的規範，也就是以西伐里亞主義為核心，歷經西方海權擴張時期發展，進一步在二次大戰後由新興獨立國家和西方傳統海權國家主導的海洋規範抗衡下修正補充而成的國際海洋公約格格不入。中國所謂歷史性水域、防空識別區、南海核心利益等等概念顯然在在都與周邊國家對領土、領空、領海、專屬經濟海域、大陸架的概念大不相容，令周邊國家難以理解，終於雙方由於價值及其衍生的世界秩序的不同，糾紛以文明衝突的樣貌不斷出現。

「新型大國關係」和「發展中的大國」概念

習近平上台，先跳過周邊國家，把視野提昇到全球，提出和美國建立的「新型大國關係」的概念，這概念同樣也是超出西方文明經驗，而中國本身卻仍然沒有發展清楚內涵的中國特色的概念。這概念的提出，大家知道是對既有秩序的挑戰，但是依什麼價值觀去挑戰，和中國傳統的天朝秩序有什麼關連？內容仍然模糊，於是各國在和秉中美新型大國關係概念的中國交手時，不免仍然出現文明衝突或至少磨擦的色彩。

二〇一四年底北京宣布成立亞洲基礎設施投資銀行，顯示中國提供公共財主導區域經濟的企圖心，緊接着，舉行中央外事工作會議，確認外交方向構想，提出一帶一路戰略，把外交布局的優先次序從過去「大國、周邊、發展中國家」，調整成周邊外交先於大國關係，同時又增加了「發展中的大國」的概念，這似乎更像差序格局概念的天朝概念了，但內容仍然不清楚，大家不知道他和當今生西方文明為核心的西伐里亞秩序的關係如何。

當我們聽到問題出在文明時，常常令我們非常沮喪，因為從政策規劃的角度來看，這句話等於在說問題的解決將曠日廢時，找不到立竿見影的解決方案。不幸兩岸乃至整個東亞當前的局勢的內涵正是如此。

縱然如此，不好高騖遠的，實事求是的，又扣緊現實的前瞻性政策仍然有用而必要的，無論如何，經過六年的一再折騰，總是要覺悟靠一個絕招定天下的偉業是不切實際的了。[15]現在歷經二〇一四一整年一波接一波的驚濤駭浪後，三大黨似乎都有往審慎務實的這方向趨近的跡象，這是好事。其中，中國在一國兩制風波中一再強調「兩岸選擇不同的政治發展道路，台灣同胞對於社會制度和生活方式的選擇，大陸予以尊重；希望台灣方面尊重大陸十三億人民的選擇與追求。」第一次對台灣呈現他建構主義的互為主體的精神，而和過去「一切以我為主，一切為我所用」的調性完全不同，呈現出來值得期待的務實態度。

無論如何，中國現在固然國力上升到一個新高點，但在經濟上，面臨無論全球或中國經濟都步入一個無法像過去一段時間一樣高成長的處境，中國得謹慎地「調結構」以解決失衡和失速的困境以求順利步入工業化後期；在政治上面臨和香港的文明衝突問題要處理，又宜於以互為主體，互相尊重的態度來處理兩岸關係。

民進黨不能迴避的課題

至於針對二〇一六年可能執政的民進黨，目前一些人[16]，強調應該接受九二共識才能順利處理兩岸問題。的確，最近北京是不斷放出這訊息[17]。但是我們也應該要注意到，北京最近向台灣密集拋出九二共識實在和前一段時間任國民黨怎麼樣要求都絕口不提九二共識形成了非常鮮明而突兀的對比。

九二共識固然被當做國共聯手在二〇一二年台灣大選打敗民進黨的利器，但是選後北京就愈來愈少提起，到了二〇一四年習近平見統派團體時更只提「一國兩制」，未提「九二共識」。此後國民黨愈惶惑，北京官員便更加刻意對九二共識消音，真是把國民黨嚇壞了。直到亞太經濟合作會議開會前夕北京才鬆口重提九二共識。中共做法奇怪嗎？合理解釋只可能是：既然在語言文字上找不到國共對九二共識相同的說法，那麼九二共識真正的共識便只會在文字之外，那就是國共聯手反獨反綠。在這背景下，在綠執政時國共雙方第一次把九二共識正式簽在《胡連公報》之中而不予明文定義。等到二〇〇八年、二〇一二年兩次大選綠一敗再敗，反獨反綠的目標既然達成，北京便認為國共應該朝向一中框架，統一進程再進一步，得放棄在國家定位上不共識的九二共識。換句話說，當北京認為獨的民進黨是個問題時便容忍國民黨用九二共識以唱其異，國共一齊各說各話；但一旦認為民進黨已經不是問題時便會進入和國民黨就異的部分攤牌的階段。

這也是最近情勢有大變，民進黨在二〇一四年十一月二十九日大勝，台灣反獨力量重挫，於是消聲匿跡了許久的九二共識中國密集提出而且完全針對民進黨的原因。

既然九二共識是中共隨用隨棄的口號，真正含義又是反獨，和台灣當前主流民意格格不入，中國向民進黨強推九二共識對解除台灣民間對北京的反感無濟於事。

實際上，如果二〇一六年執政，民進黨更實際也是更難解決卻不能迴避的課題應該是：

一、全球產業鏈中台灣經濟戰略重新釐定

非常吊詭的，由陳水扁「積極開放」政策開頭，並進一步發展成蕭萬長的一切靠中國，以和中國整合成一中共同市場的產業戰略，經過十五年長期的實驗，已經在台灣經濟社會都累積太多太大的副作用，也因此在台灣社會培育了愈來愈強的反中情緒。我們甚至可以說對中國一面倒的經濟依賴的政策及現實和反中情緒是正向相關的共生關係。因此台灣要急驟地降低和中國經濟的互動關係固然毫不切實際；但台灣也應該有愈適度減低對中國的依賴，不只對台灣的經濟愈健康，也愈能減低雙方社會的磨擦，愈使台灣社會愈不反中的認識。

二、穩健台獨戰略的確立

穩健台獨戰略的內容是：主權立場清楚；態度善意；政策彈性務實。

非常吊詭的，民進黨過去的作為往往和這三項內涵上都大有杆格：立場既欠清楚；態度又逢中必反；政策也僵硬缺少彈性。如今，太陽花運動以來直到二〇一四年十一月二十九日選舉，台灣社會反中情緒空前上升，民進黨要擺脫過去逢中必反作法的阻力大大增加，但是民進黨卻反而必須更加責無旁貸地領導社會往穩健的方向走。

三、重建兩岸交流時國家機關公權力，解決公權遭架空問題

中共既否認台灣擁有主權，也不正面承認台灣擁有馬總統所說的治權，甚至在兩岸交往時還隨時架空台灣國家機關公權力，使其去公權力化。例如，二〇一四年張志軍跳過陸委會與海基會直接到各地「出巡」，廣徵「民瘼」，調查社會對自己政府的「民怨」只是其中一個例子而已。這對台灣國家公權力是非常嚴重的侵犯。中共這做法當然和馬總統「兩岸互不否認治權」的原則完全牴觸，但馬總統無力抵抗；至於民進黨則非常令人訝異，基於藍綠對立立場而對中共大大肯定。事實上民進黨這做法和過去自己執政時立場完全相反。

民進黨執政時，兩岸兩會交流中斷，但是中共仍透過國民黨人士向國安會請求讓陳雲林以民間人士身分來台和國民黨交流。國安會答覆是，中方人士可以依規定向陸委會申請，並應守官方人士來台規定，不宜以民間身分私訪，結果中共因不肯接受而未能成行。如今民進黨一旦在野立場大變，未來執政，中方人士如來台跳過陸委會直接探訪對政府不滿的「民隱」並和國民黨密切交往，如同張志軍二〇一四年來台時，民進黨如何維護國家機關的公權力和自己的尊嚴是一個不容易處理卻不能不處理的難題。[18]

1 陳明通、王智盛，二〇〇〇年總統大選民進黨中國政策之研究，中國事務（台北），二〇〇〇年七月。

2 例如謝長廷。

3 林濁水，《二〇一三對中政策檢討記要》評析，二〇一四年五月，民進黨中國事務部。

4 這甚至是經濟學界普遍接受的觀點，如，中經院趙文衡呼籲「打破特權壟斷兩岸紅利」。又，這也是政界普遍觀點，如柯文哲競選時就採取這觀點。

5 http://www.my-formosa.com/article.aspx?cid=5,10&id=42761，林濁水，解構偽學者型塑的陳水扁經濟民族主義，二〇一三年。

6 林濁水，《二〇一三對中政策檢討記要》評析，二〇一四年五月，民進黨中國事務部，第二十八～三十頁。

7 林濁水，【華山論劍】碰到中國走樣的是馬總統自己 華山記要（七）ECFA和王文淵的眼淚，二〇一四年三月十四日，http://www.thinkingtaiwan.com/content/1828

8 謝金河，紅色供應　興起 兩岸科技陷入肉搏戰，二〇一三年，http://m.youtube.com/watch?v=Ms42dv_5WFM

9 林濁水，高雄港中資入股碼頭有救嗎?二〇一三年，http://www.my-formosa.com/article.aspx?cid=5,6,15&id=36598

10 林濁水，馬習互嗆 兩岸交往紅燈閃爍（一），二〇一四年十一月四日，http://www.my-formosa.com/article.aspx?cid=5,15&id=69705以及《習拋一國兩制為封殺馬習會?答案在占中的香港街頭!》http://www.my-formosa.com/article.aspx?cid=5&id=67656

11 王健壯。

12 林濁水，反制美國，北京對台灣再平衡，二〇一四年七月，http://www.my-formosa.com/article.aspx?cid=5,15&id=63035。

13 當然也可能是習本身就是對台工作領導小組組長了的緣故，俞正聲沒再出任國安副主席。但縱使如此，不妨礙香港問題的倍受重視。

14 林濁水，馬習互嗆 兩岸交往紅燈閃爍（一），二〇一四年十一月四日，http://www.my-formosa.com/article.aspx?cid=5,15&id=69705以及《習拋一國兩制為封殺馬習會？答案在占中的香港街頭！》http://www.my-formosa.com/article.aspx?cid=5&id=67656。

15 一個絕招定天下的偉業是不切實際的，典型演出就是蕭萬長在他的《專業治國》中的宏論「台灣只要站在中國這大巨人肩膀上就可以成為小巨人，不必害怕華爾街金融風暴」。

16 如蘇起。

17 最早是當柯文哲勝選跡象明朗化時先向柯文哲拋出試探。

18 林濁水，是黨國失衡還是藍綠失衡，二〇一四年，http://www.taiwansig.tw/index.php?option=com_content&task=view&id=6058&Itemid=117

民進黨的
兩岸政策走向

洪耀南

學歷：
淡江大學中國大陸研究所碩士、國立台灣大學國家發展研究所碩士班、中國文化大學中國大陸研究所博士班。
經歷：
中華港澳之友協會理事、台灣自由選舉觀察協會秘書長、兩岸政策研究協會秘書長、決策民調中心總經理、未來事件交易所執行長。
現職：
政治大學預測市場研究中心執行長、決策民調公司總經理。
著作：
《解構神話：選舉民調與策略分析》（合著）、《台灣政權頭人錄地方版》、《台灣政權頭人錄五都版》（編著）。

二〇一二年大選之後，筆者針對二〇一二年大選之後的民意調查，顯示蔡英文因為兩岸關係與兩岸經濟因素而敗選，研究顯示強烈兩岸關係因素選民占投票人比例為〇・八八%，中等兩岸關係因素選民占投票人比例為四・〇四%，一般兩岸關係因素選民占投票人比例為一・〇八%，並沒有發現準兩岸關係因素選民。這四類選民總計八〇・八萬人，占全部投票人數的比例為六%，剛好等於馬英九領先蔡英文的得票率。

就兩岸經濟因素而言，積極經濟選民占投票人比例為〇・九五%，一般經濟選民占投票人比例為三・五七%，消極經濟選民占投票人比例為〇・二七%，準經濟選民占投票人比例為二・三二%。四・五二%的選民因為兩岸經濟因素轉向支持馬英九，〇・二七%的選民因為兩岸經濟因素而沒有出來投票（可能投給蔡英文）。此外，雖然二・三二%的選民仍投票給蔡英文，但是在未來選舉可能不會投給民進黨。

二〇一二年之後媒體均以「兩岸關係經濟化」是民進黨無法逃避的嚴峻挑戰，甚至是蔡英文二〇一六年的最後一哩路。但外在環境產生變化，例如馬英九的滿意度持續破底、二〇一三年馬王鬥爭、《兩岸經濟合作架構協議》（ECFA）經濟效應不佳、服貿黑箱闖關引發太陽花學運、二〇一四年地方選舉國民黨潰敗等因素衝擊。台灣內部因素的變化是否衝擊兩岸關係？民進黨最後一哩路是否也發生變化呢？

台灣民意對兩岸關係發生甚麼變化？

由於台灣民意對兩岸關係的意向，可回歸至民眾對兩岸統獨立場和國族認同的態度，再依議題偏好而產生分歧；故本分析將就民眾對統獨立場、國族認同及該年度重要事件及議題民意調查為探討，以歸納出民意所向。

二〇一二年馬英九連任之後

二〇一二年一月十四日之總統選舉結果為國民黨馬英九總統獲五一・六%得票率取的勝選，而民進黨總統候選人蔡英文則以四五・六三%得票率敗選。據民進黨二〇一二大選檢討報告內容分析，民進黨所面臨的選舉結構性不利因素，包括「提升執政信賴感」、「中國因素影響的因應」及「基層經營與政治板塊的突破」；其中，中國因素被各方認定是該年選舉最具決定性的影響關鍵。蔡英文亦於同年之第十四屆第二十次中執會新聞稿提到，選舉最後階段的中國經濟恐嚇對選舉的結果產生影響，未來應找出人民可以信賴的方法以處理中國問題。

在二〇一二年總統選舉前，無論是大陸委員會、政治大選選舉研究中心或台灣選舉與民主化調查，台灣民眾對兩岸統獨的立場以維持現狀為主，其中以「維持現狀，看情形再決定獨立或統一」之比率最高；而國族認同方面，政治大選選舉研究中心及台灣選舉與民主化調查皆發現，民眾認同自己是台灣人的比率居多，約於四六・八％至五二・二％。該年與兩岸關係有緊密相關的議題為九二共識存續和《兩岸經濟合作架構協議》經貿紅利，以大陸委員會及台灣選舉與民主化調查之調查結果顯示，民眾對九二共識多採正面態度，其比率約於四五・三％至四九・四％。而《兩岸經濟合作架構協議》經貿紅利感受相對較為分歧；據大陸委員會調查，多數民眾對陸客自由行的經濟紅利持正面評價，其比率約於六八・七％至七二・三％；然依台灣選舉與民主化調查結果，三一・四％民眾認為《兩岸經濟合作架構協議》有利整體經濟，三八・二％感到沒有改變，一八・二％民眾認為《兩岸經濟合作架構協議》不利整體經濟。

在二〇一二年總統選舉後，大陸委員會、政治大選選舉研究中心及台灣選舉與民主化調查之調查顯示，台灣民眾對兩岸統獨的立場以維持現狀為主，其中以「維持現狀，看情形再決定獨立或統一」之比率最高；而國族認同方面，政治大選選舉研究中心及台灣選舉與民主化調查皆發現，民眾認同自己是台灣人的比率居多，約於五四・三％至五六・六％。而選舉期間與兩岸相關的議題為九二共識存續和《兩岸經濟合作架構協議》經貿紅利部分，以大陸委員會及台灣選舉與民主化調查之調查結果顯示，民眾對九二共識持正面態度，其比率約於四三・五％至五五・五％。而《兩岸經濟合作架構協議》經貿紅利感受相對較為分歧；據大陸委員會調查，多數民眾對陸客自由行的經濟紅利持正面評價，其比率為七二・七％；然依台灣選舉與民主化調查結果，三七・二%民眾認為《兩岸經濟合作架構協議》有利整體經濟，三六・五%感到沒有改變，一一・八%民眾認為《兩岸經濟合作架構協議》不利整體經濟。

綜合上述，二〇一二年大選，馬英九選戰對台灣民眾鼓吹九二共識與《兩岸經濟合作架構協議》有達到一定效應。值得關注的民調結果包括：民眾對兩岸交流速度的看法、政黨處理兩岸關係能力和兩岸談判人選等三項。大陸委員會於二〇一二年選前及選後調查民眾對兩岸交流速度的看法，其結果顯示，民眾認為「剛剛好」的比率於三九・八%至四八・一%居多數；但弔詭的是，台灣選舉與民主化調查選後就政黨處理兩岸關係能力的調查結果發現，國民黨較好的比率達六二%，民進黨則是一一・一%；而台灣指標民調則於二〇一二年十月以兩岸談判人選為題進行調查，其調查結果指出，蔡英文最能代表民眾立場（四二・一%）、次為王金平（三八・五%）、再者為蘇貞昌（三八%），馬英九則位居第四位（二九・四%）。面對兩岸問題，民意信任蔡英文遙遙領先民進黨，而馬英九遠遠落後國民黨。

綜合而言，二〇一二年民眾對兩岸統獨的立場為維持現狀、認同自己是台灣人和對九二共識持正面態度；即便民眾對《兩岸經濟合作架構協議》經貿紅利感受相對較為分歧，但仍可觀察出民眾對《兩岸經濟合作架構協議》經貿紅利持負面感受者偏少。據此而言，馬英九所主張的兩岸政策與當時民意相符，亦可解釋其勝選結果；反之，蔡英文於二〇一二年選舉期間所提出的「九二共識不存在論」與該時間點的民意趨勢不一致。然而，就民眾認為最能代表民眾立場的兩岸談判人選為蔡英文論點而言，蔡英文提出的台灣共識，即以民主程序在台灣內部形成對於兩岸關係的共識，再以此作為談判基礎的論述，並未被完全否定。

二〇一四　峰迴路轉的一年

二〇一四年受陸委會主委訪陸、三一八學運和九合一選舉影響，民意產生極大變動；故本段落將就事件脈絡與相關民調和民眾對統獨立場與國族認同立場進行分析。

二〇一四年二月，陸委會主委王郁琦與國台辦主任張志軍在大陸進行會談，王郁琦認為陸委會及國台辦已建立起兩岸常態化溝通機制，使兩岸交流更加順利。民調數據指出有六一・六％的民眾認為不論哪個政黨執政都有必要與中國定期進行會談（台灣指標，2014/02/21）；贊成兩岸互設辦事處的比率也占六六％（TVBS，2012/02/12），陸委會委外民調（2014/02/22）亦指出六五・二％的民眾贊成持續舉行兩岸事務首長會議，僅有一六・八％不贊成。前述民調結果都顯示多數台灣民眾認同兩岸保持交流與互動的方向。

然而，三月十八日為抗議國民黨立委張慶忠違反民主程序以三十秒通過《兩岸服務貿易協議》，由學生帶頭的群眾占據立法院議場要求馬政府退回服貿及在監督下重啟談判等訴求，彰顯了在國民黨政府過度傾中的政策下，民眾對兩岸關係走向的疑慮及不滿。根據台灣指標於三月的民調數據指出：不支持簽訂服貿協議的比率為四四・五％，支持者僅占三二・八％；認為立法院應逐條審查和表決服貿協議的比率占七三・七％，認為應直接表決通過服貿協議的比率僅占一〇・二％；認為服貿協議在經濟上（三五・八％）與政治上（五〇％）弊大於利的比率皆較高。學運過後的三月調查中，不支持簽訂服貿協議的比率小幅提升為四七・九％，但支持簽訂者比率降低為二五・三％。此外，二〇一四年四月調查顯示如果簽訂服貿的對象是美國而不是中國大陸，有六〇・五％的受訪者支持簽訂，只有一三・九％不支持。顯見台灣民眾對與中國簽訂條約充滿不安與不信任。

九合一選舉民進黨取得十三席縣市長，一般認為可挾帶這股勝選氣勢順勢拿下二〇一六年總統大位，甚至是成為國會最大黨；因此，在二〇一二年總統選舉最受質疑的民進黨對兩岸關係的立場與態度再次被討論。根據台灣指標在十二月公布的民調指出，民眾認為民進黨未來與中共政府的交流較能兼顧台灣的安全和民眾整體利益的比率高於其他政黨，占四〇％。此外，民眾會因為民進黨公開宣示接受中國民國憲法（四〇・二％）、不修改國旗（三三・四％）及不修改國號（三二・六％）而增加對民進黨的信任[1]。

在統獨立場方面，根據政治大學選舉研究中心二〇一四年六月公布數據指出希望兩岸維持現狀的比率占五八・八％（維持現狀再決定三三・九％＋永遠維持現狀二四・九％）、偏向獨立占二三・八％（維持現狀以後走向獨立一八％＋儘快獨立五・八％）以及偏向統一一〇・二％（維持現狀以後走向統一八・八％＋儘快統一一・四％）。陸委會七月委外民調也呈現類似分布（維持現狀六〇%；偏向獨立二六・七%；偏向統一一八・四%）。遠見民調九月調查則顯示贊成獨立的比率大幅增加為三二・一%，但維持現狀比率仍最高（四七%），偏向統一占八・九%。

國族認同方面，根據政治大學選舉研究中心二〇一四年六月公布數據指出認為自己是台灣人的比率占六〇・四%，創歷年新高；認為自己是中國人的比率占三・四%；認為自己既是中國人也是台灣人的比率則占三二・七%，為歷年最低。台灣指標八月公布的民調指出台灣民眾身分認同的項目依比率高低為：台灣人（九六・九%）、中華民國一分子（八七・三%）、亞洲人／中華民族一分子（七六・三%）以及華人（七六・三%），認同自己是中國人的比率占四一・九%，認同自己是中華人民共和國的一分子更僅占六・二%。

以上數據顯示出台灣民眾國族認同上以「台灣人」及「中華民國一分子」的認同度最高。統獨觀方面，維持現狀的比率仍舊最高，但偏向獨立的比率則呈現逐年上升的趨勢。

二〇一二年至二〇一四年民意變動

總結二〇一二年到二〇一四年台灣民眾對兩岸關係的看法，由各項調查中皆指出民眾對兩岸交流普遍抱持認同的態度。然而牽涉到兩岸經濟協定則意見較為兩極，顯示民眾對可能牽涉國家層級的交流較為不信任。此外，民眾對國民黨政府在處理兩岸事務的不信任也逐漸提高，認為民進黨較能維護國家安全與全民利益的民眾增加也意味著民眾對民進黨在兩岸事務所扮演的角色開始有更多期待。

二〇一二年總統大選，一般認為民進黨敗選主因與民進黨的中國政策有關。九合一的地方選舉大勝過後，民進黨再次成為二〇一六年總統選舉有利的競爭者，所以民進黨黨內的中國政策就變動見瞻觀是否做出具體的承諾與論述？成為兩岸與台灣民眾關注的重中之重。

台獨黨綱作為民進黨創黨的理念與目標確實標示了與國民黨之間的差異，但也變成與中國交流的阻礙。中國政府明確表明一個中國原則或是九二共識是兩岸交流的基石，在不承認九二共識的狀況下，民進黨的兩岸政策該如何發展與運作成為民進黨中國政策最核心的問題。根據台灣選舉與民主化調查（TEDS）二〇一三年大規模基點調查面訪案調查數據，在兩岸協商議題上，贊成續用九二共識的比率占三八％，不贊成者比率為二八％，認為沒有九二共識者占五・七％。此外，陸委會於二〇一四年十一月所做民調指出五三・四％的民眾認同「政府對於九二共識的立場，就是一中各表，一中就是中華民國」，另有三五・六％不認同。前述調查數據都顯示民眾對於九二共識作為兩岸交流的基礎意見是分歧。

再就台灣民眾的統獨觀與國族認同來看，贊成獨立（急獨與緩獨）的比率雖然逐年增加，但不可否認「維持現狀」仍是目前多數國民的共識。在單選情況下，認同自己是台灣人的比率已達六成（政治大學選舉研究中心，2014/06）；複選情況下認同自己是台灣人的比率更高達九六・九％，顯示台灣人認同已是社會主流（台灣指標，2014/08/29）。

民進黨兩岸政策之建議

據此四年來台灣民意與兩岸關係的改變，民進黨如何發展出一套兼顧選票又能建立起兩岸溝通平台務實論述是未來中國政策的發展方向。這四年中最大變數是民意的改變，尤其是太陽花學運之後，公民力量的崛起，更讓兩個主要政黨的兩岸政策會日趨保守。

首先要針對中國大陸對台政策的三根柱子所有瞭解，第一層次是國際關係，尤其是中美關係，第二層次是中國大陸政治氛圍，第三層次是兩岸危機處理。從二〇一二年至二〇一六年中美關係呈現穩定的態勢，中國大陸的政治氛圍對習近平是有利，接下就是對中國大陸而言兩岸危機處理，短期最大變數恐怕就是二〇一四年台灣地方選舉中國民黨的大敗，連動二〇一六年有較高機率再一次發生政黨輪替，中共如何面對民進黨執政？所以二〇一四年重提一國兩制及國民黨大敗之後一再把九二共識當成主軸。

民進黨身為二〇一六有機會重返執政的政黨而言，其言行與主張就會被高度關注與放大，尤其是在兩岸政策方面。建議民進黨在政黨與候選人或新政府進行所謂區隔，三種不同層次，首先政黨有長期的理念與信仰，而候選人有任期限制只能提出短期施政目標，如果獲勝承接執政權，新政府具有概括承受前任政府延續性。歷次民調顯示雖然國民黨較能處理兩岸關係但不信任度逐漸提高，認為民進黨較能維護國家安全與全民利益，但蔡英文卻是台灣民眾認為最能兼顧國家安全和民眾利益的兩岸談判人選，如何善用此吊詭優勢，蔡英文個人是超越民進黨的特質。

對民進黨的建議

●民進黨不必也不需要修改台獨黨綱

黨有長期追求的價值與目標，而不是為一次性執政目標，但做法可以更彈性與靈活度，民進黨除了面臨國民黨的競爭以外，還有白色與墨綠的競逐，應該以穩健為主，黨的路線與主張不能隨意更動。

●落實住民自決取代台獨說法

住民自決原則屬於國際認同的民主價值。大陸委員會於今年七月公布的民調指出，八八・六％民眾支持陸委會主委向國台辦主任表達，台灣的未來應該在中華民國憲法架構下，由台灣二千三百萬人民自己決定；台灣指標在二〇一四年六月三十日發布的民調數據中也指出如果有馬習會，馬總統應該主動提及的事項中，民眾認為最應提及的即為「台灣前途由二千三百萬台灣民眾決定（七七・一％）」，顯見住民自決也是台灣人民的共同價值之一。

民進黨於九一年通過台獨黨綱、九九年通過台灣前途決議文、〇七年通過正常國家決議文，雖三個文件有時間上落差，但三個文件是民進黨的短中長期的目標，目前台灣政治氛圍，大可不必凍結或廢除台獨黨綱，近年來台灣獨立的方向逐漸受到台灣民眾認同與支持，但在兩岸關係上希望維持現狀的民眾仍占多數。在此情況下台獨黨綱對希望能維持現狀的民眾來說是造成民進黨執政後兩岸關係不穩定懷疑之所在。如何在台灣獨立與維持現狀的兩種意見中找到共識對未來民進黨中國政策的發展將形成重大影響。如果民進黨有意進行修改或提出新的決議文，建議可以以台灣前途決議文為本進行整併，讓台獨黨綱與時俱進，兼具務實與住民自決精神，或是落實住民自決取代口號式台獨。

●主動出擊正面回應

民進黨與國民黨在中國大陸事務方面的最大落差為溝通平台的建立與否；讓民眾誤解民進黨因政黨立場，導致與中國無法建立一公開互動平台，易造成民眾對民進黨兩岸溝通的疑慮，但其實政黨交流可以全面化但不一定成立平台，畢竟兩岸關係應該由政府對政府交流與談判，而非政黨對政黨模式，且如果執政的政黨應該退居政府之後，在野可以透過政黨促成溝通與瞭解。

其實民進黨已有多位政治人物訪中的經驗，台灣社會對民進黨人士訪中並無明確反對意見或負面看法；相反地，台灣指標民調於二〇一二年十月的調查發現，五七・八%民眾對謝長廷訪中採正面態度；二〇一三年十月的調查亦指出，五五・七％民眾認為蔡英文訪中對兩岸政治交流與和平發展有幫助。實質觀察訪中的民進黨政治人物來說，二〇一四年六月台南市長賴清德於訪中行程明確表示「台灣的前途由二千三百萬人民共同決定」引起當時社會共鳴，其更於同年台南市長選舉取得七二・八九％的得票率。綜合上述，民進黨人士公開參觀訪問中國的行程評價褒多於貶，甚至自二〇一三年來，民眾多期許民進黨主席蔡英文訪問中國，除回應民意期待外，亦可展現民進黨的兩岸溝通能力。

●積極審議兩岸協議監督條例

二〇一四年三月十八日太陽花學運的主要訴求之一即兩岸協議監督條例，雖民進黨與民間團體所提出的版本不同，但其相對嚴格監督的立場仍有一致性。兩岸協議監督條例為審議其他兩岸相關協議的基礎和原則，且受學運影響的因素，兩岸協議監督條例的重要性和關注度相對較高。故此，民進黨應於兩岸協議監督條例的審議態度更為積極，即便在立法院有議事規則或技巧的相關應用策略，亦可於相關網頁提供民眾進一步了解審議進度的資訊。

根據大陸委員會於二〇一四年七月的民意調查指出，六三％民眾支持立法院儘速通過兩岸協議監督條例；七一％民眾支持兩岸在協議簽署前的每一個階段，行政部門都會向立法院進行充分溝通與諮詢，在協議簽署後，也會尊重立法院審議或備查程序；亦有六一・六％民眾贊成為避免兩岸協議拖延，可能影響人民權益，立法院應該在一定的期間內進行表決。此外，台灣指標民調於十二月的調查結果顯示，五六・八％民眾認為二〇一五年應完成立法院通過兩岸協議監督條例；亦有四〇％民眾認為民進黨未來與中共政府交流，較能兼顧台灣安全和民眾整體利益。值得關注的是，台灣指標在學運後所執行的民調發現，超過七成民眾（七〇・七％）認為蔡英文有必要向社會大眾具體說明未來二年民進黨的中國政策。

整體而言，民眾對兩岸協議監督條例是有所期待的，且對立法院的監督和審議有具體的時間進度；相較於國民黨，民眾現對民進黨的兩岸立場較為信任及期許。民進黨應於兩岸協議監督條例適度融入黨內中國政策立場，以利民眾明確了解民進黨的兩岸政策，並積極於立法院推動兩岸協議監督條例的審議，對兩岸事務交流的態度展現正面態度，以回應民眾對兩岸協議監督條例的效率訴求。

●鼓勵民進黨執政地方政府勇於交流

從地方政府與中國大陸政府進行交流增進彼此的互信，蔡英文首次招開的中國大陸事務委員會會議所進行的決議，展現善意，除了鼓勵地方政府以外，用兩岸小組取代中國或中國大陸字眼。

對民進黨總統候選人建議

黨有長期的理念信仰目標，在黨的基本價值以外，總統候選人可以提出四年或八年的施政綱領即可。尤其在馬英九執政下兩岸關係與陳水扁執政時期有重大改變，雖有在中國大陸口中讓利說與馬政府利大於弊說法等，但從太陽花學運與九和一選舉可知，兩岸關係如何讓兩岸關係正常化，更符合公平正義原則。

●維持現狀的共識

維持現狀是台灣內部至於兩岸或中美關係下最大共識，陳水扁前總統四不一沒有及馬英九總統的不統、不獨、不武，其實就是維持現狀，台灣民意也是維持現狀，所以現階段台灣共識就是以「台灣就是中華民國、中華民國是台灣，維持現狀的共識」。民進黨總統候選人不管是蔡英文或其他人選出線，其途徑不外乎在陳水扁執政及二〇一二蔡英文競選總統的框架之下。

蔡英文於二〇一二年大選前就提到，「維持現狀、開啟新局」是勝選之後，兩岸關係平穩過渡的基石；她會有項積極作為，來穩定兩岸關係，讓經貿和各項交流持續向前推進。

蔡英文屢次提到，將以理性、務實的態度面對中國，不會相互對抗、不會魯莽躁進，兩岸政府應該本於相互尊重、對等交流的原則，維持台海和平，創造互利雙贏；目前兩岸達成的各項協議，新政府將概括承受，不會片面改變，在既有基礎上，兩岸可以繼續溝通協商，達成新的共識、簽署新的協議。

蔡英文對於一九九二年兩會會談，兩岸願意「擱置爭議、協商對話」的務實態度，民進黨一向抱持肯定的看法，但是，對於後來才出現所謂「九二共識」，不但國共兩黨都還有不同的認知，台灣社會也沒有共識，更重要的是，沒有經過民主程序的確認。在這個議題上繼續爭論，無助於台灣內部團結，也無助於兩岸關係未來發展，所以，將以團結包容的「台灣共識」，作為推動兩岸關係的基礎，也要化解台灣社會，長期以來「一個國家，兩種認同」的分歧。

蔡英文為了化解認同的分歧，她主張「台灣就是中華民國、中華民國就是台灣」，中華民國、台灣，都是主權獨立的國家，任何現狀的改變，都必須經過二千三百萬台灣人民的同意，根本沒有所謂「不統」或「不獨」的問題。

蔡英文應該在二〇一六年大選的主張下提出更務實的做法。除了概括承受馬英九總統執政時期與中國大陸所簽訂的協議外，在現有的基礎下，如何繼續推動兩岸的交流與協商。選前要給台灣人民信心，選後要讓美國、中國大陸不用擔心。

對二〇一六年新政府的建議

兩岸交流出現新形式，比如說兩岸商業活動領先經濟政策，經濟政策又領先政治議題；兩岸的環境治理又超越兩岸政治環境，比如說台灣內部反核，但中國大陸沿海地區蓋和電廠，或是中國大陸的霾害也影響台灣，或兩岸海上垃圾漂流問題等這類的治理超越地區與政治的治理。

二〇一四年九合一大選前夕，中國國台辦主任張志軍指出，若台北市長由柯文哲當選，盼柯文哲能認同九二共識。對此，柯文哲說，他不反對服貿、貨貿，而是反對黑箱。柯文哲也再次強調，若他當台北市長，「馬照跑、舞照跳」，在既有政策上，台北和上海城市論壇的頻度、深度都不會改變。

台北上海城市論壇將是兩岸交流的一個指標，預期會在既有基礎之下進行，所謂承認九二共識但也不反對過去九二共識下的協議。其次因交流所帶來的內部問題應該是優先處理，在既定協議下進行逐步修正與檢討。

●概括承受的共識

民主政府政黨輪替正常化，政府的延續性超越政黨，所以任何政黨上台需要概括承受前政府的執政結果，與中國建立制度性協商機制，爭取建立民進黨執政的政府與中國政府間常態性的事務協商機制。確立雙方不論是在政權輪替或是其他因素造成的關係變動之下都能有順暢的意見交換管道，藉此使民進黨中國政策更有一致性，也可消除民眾對民進黨執政兩岸關係的不安感受。

蔡英文應該要聲明，民進黨「反併吞」但是「不反中國」，且目前兩岸達成的各項協議，新政府將概括承受，不會片面改變。她如果當總統，應該讓「企業可以放心、人民可以安心，對岸也可以不必擔心」；未來新政府，在處理兩岸關係時，將遵循「民主協商、多數共識」的基本原則。

民進黨的主張一直很清楚，堅持國家主權和人民作主的權利，「反併吞」，但是「不反中國」，蔡英文一路以來都主張兩岸要和平交往，要互利互惠，如果雙方還有歧見，願意擱置爭議，透過協商對話，尋求相互諒解的空間；但是，民進黨堅持國格不能被矮化，不能犧牲國家主權，換取一時的利益。目前兩岸達成的各項協議，新政府將概括承受，不會片面改變，在既有基礎上，兩岸可以繼續溝通協商，達成新的共識、簽署新的協議。

蔡英文雖然不承認九二共識，但肯定九二會談的務實態度，對於一九九二年，兩岸願意「擱置爭議、協商對話」的務實態度，民進黨一向抱持肯定的看法，但是，對於後來才出現所謂「九二共識」，不但國共兩黨都還有不同的認知，台灣社會也沒有共識，更重要的是，沒有經過民主程序的確認。

結論

台灣公民力量的崛起，這股力量超越藍綠、超越統獨，更不受制國民黨或民進黨，更精準的說法是公平正義與階級的結合，二〇一四年這股力量制裁國民黨，並不代表在二〇一六年選舉會支持民進黨，如果國民黨或民進黨未能認清現狀，恐怕會被民意所唾棄，而中國大陸對台政策從李登輝時期、陳水扁時期、至馬英九任期內已走入意識形態，如不能正視這股民意的動向，恐怕離台灣民心更遠。

1 複選題僅列出比率最高前三項。

民進黨兩岸戰略
與政策的建構主義思考

翁明賢

現任淡江大學國際事務與戰略研究所專任教授兼所長，以及整合戰略與科技中心主任。德國科隆大學政治學哲學博士，專長研究國家安全與戰略、國防政策與軍事戰略、中國國家安全戰略、國際關係建構主義理論。2006～2008年擔任國家安全會議諮詢委員，曾任台灣略研究學會理事長與國家展望文教基金會董事長。主要著作：《突圍：國家安全的新視野》、《全球化下的國家安全》、《解構與建構：台灣的國家安全戰略研究（2000～2008）》，並主編《戰略安全:理論建構與政策研析》、Managing Regional Security Agenda、《論中國夢》與《論中國軍事崛起》等專書。

前言

九合一選舉後的兩岸議題：民共如何接觸？民進黨的兩岸政策為何？

二〇一四年十一月二十九台灣九合一地方大選，執政的國民黨在地方縣市失去多數席次，再一次呈現「地方包圍中央」的態勢，二〇一六年再一次政黨輪替的機率升高，而民進黨如何處理好兩岸關係的發展，就是所謂執政最後一哩路的「關鍵點」。如果民進黨不接受「九二共識」，持續台灣主權獨立的立場，兩岸互動是否會重蹈二〇〇〇～二〇〇八年政治對立、經濟交流的矛盾態勢，而美中共管台海的情勢是否再現？

「美中經濟與安全委員會」公布「二〇一四年台灣地方選舉：對兩岸關係的影響」報告，民進黨在二〇一四年九合一地方大選得利，有利於二〇一六年的總統大選，但也存在影響因素：包括國民兩黨總統候選人，及其兩岸政策、競選策略。民進黨面對兩岸關係必須採取更為務實走向，如果蔡英文選擇模糊政策，台灣的下一任總統同時思考如何滿足台灣選民，以及北京方面會如何容忍其政策。選前，民進黨主席蔡英文宣稱，只要民進黨在九合一選舉中獲勝，中國的對台政策就不得不配合民進黨調整。選後，民進黨秘書長吳釗燮立刻前往美國溝通，強調此次選舉不應解讀為國民黨兩岸政策失敗，或中國對台政策失敗的公投，顯示民進黨審慎處理兩岸問題。

因此，如果二〇一六年台灣再度輪替，兩岸政府目前相關協議與交流管道是否會中斷？諸如陸委會與國台辦高層負責人、海基會與海協會、民間性質的國共論壇？第二、如果新政府不接受「九二共識」，北京是否願意繼續與台北協商？是否有任何新的共識可以代替「九二共識」？如何進行新共識的建立？第三、民共兩黨是否有可能建立新的交流管道？透過何種管道？是否中央與地方兩個層面平行路線？第四、針對兩岸關係的定位與交流原則，民進黨必須朝何種方向調整，共產黨才願意正常化交往？

習近平的對台政策論述：兩岸一家親、共圓中國夢！

二〇一四年九月三十日，習近平在慶祝中華人民共和國成立六十五週年會上表示，解決台灣問題、實現祖國完全統一，堅持一個中國原則，堅決反對「台獨」分裂活動，為祖國和平統一創造更充分的條件，使兩岸一家親、共築中國夢。章念馳強調，習近平有系統的提出兩岸「一家親」，為未來兩岸關係的提供重要的論述。習近平把這種統一關係定調為「共圓中國夢」與「共同實現中華民族偉大的復興」，強調「這種統一不是『你吃掉我，或我吃掉你』，而是共創一個更美好的新中國，體現了『共同締造』的精神。」

因此，在九合一大選前後，中國學者李家泉從六個方面概括習近平兩岸關係的講話：共圓中華民族偉大復興的中國夢；努力推動兩岸關係和平發展；倡導「兩岸一家親」的理念；為破解兩岸固有政治分歧逐步創造有利條件；深化兩岸經濟合作，同台灣同胞分享大陸發展機遇；增進兩岸同胞互信，加強青少年交流。

從建構主義觀念引導身分建立

從國際關係理論角度言，行為體之間的互動，必須從雙方面向著手，如果僅從單方面向的「權力」與「利益」的驅動，是無法長久維繫雙方的互動關係。當北京一直不斷強調「兩岸一家親、共圓中國夢」的論述時，是一種單方面的觀念灌輸，並沒有形成建構主義所提出的「共有理念」，自然無法在台灣激起廣大的回響，再一次成為中國的統戰話語。

建構主義強調行為體之間的互動過程，產生「共有理解」（shared ideas），從而形成三種「無政府文化」：「霍布斯文化」、「洛克文化」、「康德文化」，都有不同的主體位置：敵人、競爭者與朋友，從而塑造出不同的身分關係。如果兩岸間經由「共有理解」，形成一種不具「敵意」的無政府文化，才能建立雙方的「共圓中國夢」的「集體身分」，讓兩岸人民獲利，有助於相關政策的推動。未來民進黨如果成為執政黨，推動兩岸關係再度正常化，就必須跳脫傳統國際關係理論思維，從建構主義觀念引導身分的建立，身分確定利益與政策的產出。

影響民共兩黨交往因素分析

事實上，不管二〇一六年政黨是否輪替，「穩定兩岸、持續交流」應該是台海兩岸關係正常化是必然的過程，不僅包括兩岸現有政治接觸管道，相關兩會的協議持續交往，北京對民進黨也應該持平交往。以下分五點討論可能影響民共兩黨互動與交流的因素：

兩岸關係定位缺乏新思維與論述基礎

一九四九年至二〇〇〇以來的兩岸糾結於經濟與政治的互動關係，從國民黨角度言，兩蔣時代的漢賊不兩立，到李登輝時代，基於全球和解蔚為潮流，希望透過兩岸經濟交流，突顯台灣經濟發展奇蹟，形成對中國的一種典範效果。及至中國經濟開展，累積一定成果，台北轉而希望中國政治學台北。一九九六年的台海危機，解放軍透過對台飛彈演習，卻激發台灣內部同仇敵愾，台北完成第一次總統民選，凸顯中國對台武力使用的反效果。一言之，兩岸交往如果基於「權力」與「利益」的途徑運用，無法收攬人心。

民共兩黨無歷史包袱　缺乏互信是關鍵

國共兩黨基於政權爭奪的歷史包袱，經由一九四五～一九四九年的國共內戰，形成敵對的霍布斯文化，卻能夠於二〇〇五年三月十四日，基於「觀念」的調整，在「九二共識、反對台獨」的基礎上，進行兩黨關係正常化，簽訂「連胡公報」，從而讓兩岸關係於二〇〇八年，進入大三通、大交流的時代。

相反的，民進黨成立之前，被國民黨認為必須被消滅的三合一對象：「中共、匪諜、台獨」。到了一九八六年成立，採取台灣主權獨立的政治主張，被北京視為「台獨」的同路人。一九九一年民進黨通過「台獨黨綱」、一九九九年的「台灣前途決議文」，前者提出：否定中華民國的合法性、反對中華民國體制的主張。後者，強調台灣事實上已經是民主獨立國家，目前依憲法國號為「中華民國」，台灣的前途由兩千三百萬人決定。一九九二年國共香港會談，二〇〇〇年之後被廣為運用之「九二共識」概念，民進黨並未參與，如果要求此一共識為兩岸交流的基礎，缺乏一定程度的互信基礎。二〇〇一年時民進黨曾經提出在「九二香港會談」的精神上，兩黨可以進行互動，以增強雙方的理解，或者，讓「九二共識」成為一個可以討論的基礎，卻因為民共缺乏互信，因而不了了之。

民進黨於二〇〇〇～二〇〇八年執政時期出版「國家安全報告書」，提出「和平穩定互動架構」的建立，包括五大面向：管理雙邊關係的基本原則、貿易與經濟、預防軍事衝突措施、協商機制，以及建立可能的政治關係。當時民進黨認為：「雙方對兩岸關係各有自己的定義，而此定義問題的核心就在於主權。」有必要發展出一套針對兩岸關係更為明確的具體規則：和平解決爭端、協商的義務、衡平與正義，以及相互尊重。

在建立政治關係方面，民進黨認為：「基於歷史、文化、血緣的特殊關聯，雙方應共同努力，建立以相互尊重為基礎，並能促進兩岸互動的政治關係。」民進黨特別強調：「充分認知到北京當局堅持『一個中國原則』的立場，願不設前提、條件，在『九二香港會談所獲成果』的基礎上，促進兩岸政府與政府之間的協商對話，積極尋求互動交流的有效機制，以消弭歧異、增進互信、解決問題。」

政黨輪替為常態　中國面對台灣需自信

一九九六年台灣舉行第一次總統直接民選，中國對台進行飛彈試射演習，美國派遣航母穩定台海情勢，及至二〇〇〇年第一次政黨輪替，二〇〇八年再度輪替，政黨輪流執政已經成為台灣民主政制發展的常軌。任何一個政黨都必須以台灣「客觀利益」為優先考量，其中「生存」與「獨立自主」為基本利益，「經濟財富」為持續發展的必要途徑。在國際社會以國家身分參與國際社會，貢獻台灣的能力，屬於「集體自尊」的範疇。中國方面，必須尊重台灣現有的政治與社會體制，所形成的「台灣意識」，並非「台獨意識」，因為對於多數台灣人而言，台灣早就是一個主權獨立的國家。

美中國際勢力牽制兩岸互動發展

目前由國共兩黨所堅持的「九二共識、反對台獨」下的「一中框架」或是「一中架構」，或是民進黨主張的「一邊一國」，華盛頓始終扮演關鍵角色。以往，國民黨主政時期：「經美制中」，民進黨主政時期，北京採取「經美制台」，後期民進黨採取凸顯台灣主權獨立的「法理台獨」政策，美國提議「美中共管台海」制約台灣。二〇〇八年之後，國民黨採取「維持現狀」三不政策，北京採取更積極兩岸政策：「入島入戶入腦」，針對「三中一青」，形成中國主導台海局勢。

目前，美中建構新型大國關係，改變以往美中對抗的心態，而是朝向管控分歧與擴大雙方合作的思維。中方強調「原則性」，相互尊重是增加互信、管控分歧、開展合作、共創雙贏、引領未來的基礎，而美方強調其功能性，要求解決美方關切的具體問題，只有務實合作，建設性地處理分歧，才能雙贏。一言之，美國透過台灣關係法，以軍售方式，維繫美台政治關係，但在中國崛起過程中，也受到一定程度的衝擊，雖然美國學界出現「放棄台灣論」，華盛頓始終未放棄主導台海事務的戰略力量。

國內政黨欠缺共識無法理性面對中國

如何面對中國崛起的事實，朝野兩黨尚未建立共識，以往民進黨時期的中國政策被形容為「鎖國」，馬英九主政時期的大陸政策被批判為「傾中」，都有主觀價值導向。民進黨採取「一邊一國」立場，並且舉行兩次公投，並推動以台灣名義加入聯合國，但是兩岸的經貿發展持續穩定成長，並沒有因為政治協商僵局，而有所影響。同樣的，馬英九以「兩岸優先」的國家安全戰略，某種程度也弱化台灣在外交與國防作為，加深朝野兩黨的對立。國、民兩黨在政權競逐立場顯現出霍布斯文化的敵對態度，從而影響雙方國家利益的認知，與相應兩岸安全政策的產出。

民進黨未來兩岸戰略與政策

透過上述五點影響民共關係的因素分析之後，考量維繫台海和平穩定發展的重要性，民進黨勢必在戰略上：如何讓中國願意與民進黨交往，在國際上，讓亞太利益攸關者，放心民進黨的重新執政，以及在政策上：如何延續兩岸既有機制與交流成果，擴大範疇並深入有新的作為，為民進黨思考未來兩岸關係的重中之重。

首先，從戰略角度思考，「兩岸定位」是一個必須面對的課題，二〇一三年四月十三日，前副總統呂秀蓮提出「遠親近鄰說」：兩岸是遠親也是近鄰，沒有仇恨也不應該有戰爭，中國大陸應該要尊重台灣的存在，和平共存，進行產業分工合作，台灣文化的確有相當多部分是來自中華文化，但台灣也接受很多世界文化，兩岸可以在文化方面交流共榮。

事實上，呂前副總統的「遠親近鄰說」與習近平的「兩岸一家親」在「親」字方面有其一定程度「共有理解」的基礎，超越是否屬於同一國的爭議，而是走向更親近的「家」的理解。兩岸交往必須翻轉以往傳統「國家」的概念，要從「家」到「國」的階段，先形成兩岸「共同家園」之後，許多攸關國家主權議題，相對比較不敏感，就有其討論的空間。

其次，基於美國重返亞太政策的主軸，即在於預防性戰略布局，以因應一個崛起的中國。因此，華盛頓會透過各種途徑，約制亞太政經情勢發展，尤其從第一島鏈以西至南海與印度洋地區，從而牽動未來兩岸的互動。台灣具有中國東出太平洋、南下印度洋的關鍵影響力，若兩岸在此具有「共有理解」，建立穩定亞太地區和平的集體身分，可以讓台灣充分參與國際社會，進而更有信心與中國在全球事務上，發揮更多合則兩利的倡議。

第三，在台灣內部也必須建立一定程度因應中國的共識：如果不接受中國的「九二共識」，民進黨的「?共識」為何?必須建立具體的邏輯「論述」，使得中國雖不滿意，亦無法直接拒絕。換言之，民進黨內部必須先形成不同派系之間的「共同共識」，同時，也要尋求與國民黨一定程度的默契下，才能進行組建一個三黨「共好」的兩岸關係。

因此，民共兩黨之間應該朝向一個「新型」兩黨關係發展，如同十年前二〇〇五年國共兩黨和解一般，此一「新型」的著眼點在於：

第一、兩岸關係不是只有國共兩黨關係，更應該著眼於廣大台灣民眾的福祉，民進黨為台灣本土政黨，有其台灣民意的代表性，平衡兩黨勢力，才有利於台灣民主政治的穩定發展；

第二、民、共兩黨關係發展必須「先易後難」，關於「九二共識、一中原則」屬於高度政治性議題，尊重其存在必要性，先從兩黨可以著手的議題，開展接觸，累積交往過程中的信任感，嘗試建立民共兩黨的「新兩岸共識」；

第三、兩黨關係必須「水到渠成」，雙方之間的交流管道，應該多元、多層次，除了既有非正式的渠道之外，應該建立某種兩黨授權的機制，兩黨高層可以直接接觸，平時交換相關議題的立場，緊急危機時期，可以徹底溝通雙方誤解之處。

在政策方面，在「遠親近鄰」組建「共同家園」的思考下，採取「積極交往、擴大層級、分散風險、創造利基」的原則下，透過「嵌入式」與「融入式」、「整合式」途徑，參與中國的各項發展。

在嵌入式方面，讓兩岸安全關係嵌入亞太整體安全利益，由於美國重返亞太戰略，牽動傳統美中台三邊戰略關係，台灣必須發揮美中平衡亞太的關鍵性角色，在東海釣魚台列嶼爭議、台海航線與南海島嶼主權議題上，或是關於兩岸在東海與南海地區的資源開發，有關海上各種救援救難機制的建立，都可以透過各種不同對話管道，尋求合作機遇，成為促進西太平洋穩定利益共享者。因此，雙方也可以透過會商「信心建立措失機制」，共同進行「亞太安全白皮書」的撰寫。

在融入式方面，讓兩岸經濟整合，融入中國與全球經貿，當中國提出「一代一路」戰略時，台灣可以思考如何發揮台灣資訊產業的優勢利基，在此一區域經濟發展戰略過程中，與相對應國家尋求共同利基。另外，在「二十一世紀海上絲綢之路」構想下，台灣在聯結太平洋與印度洋「兩洋航線」，在海上安全與能源通道上可以扮演的角色。同時，基於地緣經濟角度言，針對海西經濟區、平潭綜合實驗區、廈門自由貿易區等等，提供兩岸許多經濟合作管道，雙方如何「融入」創造更大利益。

在整合式方面，深化兩岸社會交流，進而整合全球華人社會。例如北京在全球推廣「孔子學院」，台灣也戮力於「台灣書院」的發展，既然都從漢語文化角度，推動中華文化的軟權力著手，兩岸之間有其合作之利基。同時，基於陸配人數的增加，兩岸社會互動體現更多互動的元素，讓此類家庭成長的下一代及其形成的姻親關係，扮演更多聯結與溝通的橋梁。

結語

二〇一五年一月十七日，朱立倫當選國民黨主席，習近平隨即以「中國共產黨中央委員會總書記」名義發送賀電，朱立倫也回覆在「九二共識」政治基礎下，共同推展兩岸關係，也點出：「兩岸人民雖同屬中華民族，仍應求同尊異，持續努力拉近彼此的心理距離」，亦即國共兩黨的「共有理解」是一種不斷建構的歷程，兩黨之間尚須「求同尊異」，減少雙方的「心理距離」，又何況民、共兩黨尚未縮短彼此「生理距離」，遑論「心理距離」的落差。

其次，二〇一五年一月二十一日，蔡英文召開「中國事務委員會議」，指出兩岸關係必須面向未來，積極尋求台灣社會的共識，擴大處理兩岸關係的民意基礎。在推動兩岸關係將有「三個有利」及「三個堅持」，並建議各地方縣市參酌高雄市「兩岸小組」，建立處理兩岸事務機制，再透過縣市聯合治理平台進行研討、分享資訊，讓兩岸事務成為各縣市的共同議題，繼續推展有助於兩岸和平穩定的優質交流。

從此角度言，民進黨採取「中央」事務與「地方」事務分離的「務實主義」思考，思欲達到「分進合擊」的效果，關鍵在於北京買不買賬，以及是否能夠體會民進黨「以誠相待」，必須以「台灣民意」為主要考量的理念？

總之，建構主義強調行為體間建立「共有理解」的重要性，民共之間如果要建立「共有理解」，則必須進行有意義的互動與交流，捐棄以往既有的窠臼，民進黨要以「誠」顯示出交往中國之「意」，而中國也必須改變民進黨「逢中必反」的陳調。

在美中競逐亞太情勢下，除了美中台大三角關係受到制約之外，兩岸三黨面臨更多的挑戰，如何在既有國、共兩黨關係下，建構新形態下的民、共兩黨關係，再形成一個涵蓋三黨關係的架構，進而有利於兩岸關係的良性互動，該是未來兩岸當局有志之士共同努立思考的課題與發展方向。

民共互動的前景

郭正亮

現任文化大學國際企業研究所副教授、美麗島電子報副董事長，與兩岸政策協會副理事長，美國耶魯大學政治學博士，2001～2007年擔任立法委員，2006年獲艾森豪獎學金，著有《民進黨轉型之痛》。

二〇〇八年民進黨痛失政權，不但使激進台獨路線備受質疑，甚至連民進黨的兩岸政策能力也備受考驗。儘管新任民進黨主席蔡英文是公認的兩岸專家，但受制於黨內保守氣氛，二〇一〇年六月面對馬政府的《兩岸經濟合作架構協議》（ECFA）洽簽，仍只能率眾抗爭。二〇一一～一二年蔡英文代表民進黨參選總統，面對已經簽署的《兩岸經濟合作架構協議》，最後選擇概括承受。

蔡英文的《十年政綱》

為了爭取中間選民支持，民進黨不再強調制憲正名，轉向確保主權現狀，不再杯葛兩岸開放，開始正視兩岸交流，這些有關兩岸政策的調整，都反映在二〇一二年民進黨所通過的《十年政綱》。在國家安全戰略方面，民進黨強調兩岸「互利的戰略思維」，呼籲「雙方都應超越舊的歷史框架，『和而不同，和而求同』，以尋求戰略互利的戰略思維，謀求改變這一戰略對峙的態勢」。具體主張，則是「兩岸都應和而不同地在現實的基礎上，和而求同地經由尋求戰略互利，發展有利於雙方各自和平發展之穩定機制」。

另在兩岸經貿方面，民進黨強調「發展兩岸經貿必須以促進台灣之國際貿易與產業經濟為前提」，核心理念有三：「提升台灣的全球競爭力」、「維持台灣的經濟自主性」、「重視台灣弱勢產業的經濟權益」，有別於國民黨的政策主張，則包括「檢討與規範兩岸協商機制」、「強化兩岸貿易之公平性」、「對中國投資應將就業與生產根留台灣」等等。

問題是，儘管蔡英文努力調整民進黨的兩岸政策，短期內並不容易改變台灣人民對民進黨「逢中必反」的憂慮。童振源和洪耀南的選後民調發現，馬英九以五一・六%小勝蔡英文四五・六%，兩人差距只有六%，但兩岸關係因素就讓五・七五%的全部選民挺馬英九，特別是兩岸經濟因素讓四・二五%的全部選民投票給馬英九。民進黨的敗選報告，也指出「中國因素對選舉的影響，明顯有『經濟議題化』的趨勢」；連蔡英文本人也承認，「經濟恐嚇牌」對整個選舉結果產生影響。

蔡英文在二〇一二年一月十四日的敗選聲明，表示「下一次，我們一定可以走完最後一哩路」、「這條路比我們想像得更漫長，我們還可以做得更好」，其中「最後一哩路」被各界廣泛解讀成兩岸路線調整。

大陸決定提升民共交流

民進黨在二〇一二年敗選後所面對的兩岸轉型壓力，正好和馬政府拒絕配合北京議程、國共矛盾日益惡化的情勢合拍，大陸為了促使兩岸議程走向深水區，必須爭取更多台灣人民認同，因此開始醞釀新的政黨交流思維。

問題是，相對於國共交流，民共交流至今並未發展到制度化階段，並未建立黨對黨的定期溝通平台，仍只限於個別民進黨員以個人身分或民間團體成員參訪大陸。民共交流除了大陸所說的「四處走走看看」之外，最多僅止於政治溝通，避免造成雙方誤會，尤其在陳水扁執政期間，更有不少黨外人士曾擔任兩岸密使，凸顯出民共兩黨欠缺正式的溝通管道。即使也有幾位民進黨縣市長推動兩岸城市交流，但都是代表城市、並非代表民進黨出訪大陸。

大陸決定從二〇一二年起，提升民共交流的頻率與強度，政治環境因素有三：

一、「防獨」大局已經底定，中美聯合共管台海，使大陸不再擔心台獨失控。

二、中國大陸已在全球崛起，更有自信主導兩岸未來。

三、馬政府愈來愈常抵制大陸要求，國共矛盾日益惡化。

除了政治環境因素之外，民共兩黨所以樂見民共交流，也和二〇〇五年創建國共平台類似，都是基於民共兩黨的政治需要。不過，與國共平台不同的是，國共兩黨的目標一致，都具有「聯手反獨」的共同目標，反觀民共兩黨的目標並不相同。民進黨相對單純，只是為了「走完最後一哩路」，為了增加台灣人民對民進黨處理兩岸事務能力的信賴，但大陸的政治考量卻遠為複雜，與民進黨南轅北轍，至少包括四個方面：

一、民共交流可以作為大陸向國民黨施壓的政治籌碼，向愈來愈不配合北京的馬政府，傳達

「大陸也可另結新歡」的威脅訊息。

二、民共交流可以讓大陸接觸到更多泛綠民眾，配合每年定期舉行的海峽論壇，以及即將設立的海協會駐台辦，透過各種經貿交流與合作，大陸可以爭取更大多數台灣人民的認同。

三、民共交流可以增進民共互信，降低民進黨對兩岸走進深水區的抵制。

四、民共交流可以及早建立民共窗口，一旦國民黨再度失去政權，可以避免先前民進黨兩次勝選所導致的政治慌亂。

大陸決定推動民共交流，是希望能借力使力，使兩岸及早啟動政治對話，從最近大陸領導人對兩岸關係的重大發言，也可看出大陸逐漸放寬兩岸主權爭議的對話空間。例如前中共總書記胡錦濤就在二〇一二年十一月八日十八大政治報告表示：「希望雙方共同努力，探討國家尚未統一特殊情況下的兩岸政治關係，做出合情合理安排；商談建立兩岸軍事安全互信機制，穩定台海局勢；協商達成兩岸和平協議，開創兩岸關係和平發展新前景」。此處所謂「合情合理安排」，就當前的兩岸關係來說，就是暫時以「九二共識」作為兩岸協商基礎。

謝長廷的兩岸開展之旅

問題是，儘管國共兩黨都能接受「九二共識」，但「九二共識」只是對兩岸政治關係的模糊概括，兩岸對「九二共識」的認知仍有極大區別：台北無法公開接受「一中原則」，北京無法公開接受「一中各表」，雙方對於「一中」內涵不但毫無共識，也從未啟動政治對話。大陸對於「九二共識」的侷限性，當然心知肚明，曾多次呼籲兩岸展開政治對話，不要再侷限於「先經後政」，但連任之後的馬政府，至今仍然嚴予拒絕。

馬政府的消極態度，正好給前民進黨主席、前行政院長謝長廷所推動的民共交流，抓住前所未有的兩岸突破機會。

二〇一二年十月四日，謝長廷率團訪問大陸，定調為「開展：互信及分享的新頁」。謝長廷堅信民進黨必須正視兩岸問題，理由有四：

一、面對中國大陸崛起，民進黨不能使台灣邊緣化。

二、民進黨必須代表台灣人民發言，同時保護台商。

三、兩岸談判忽視中下階層權益，民進黨責無旁貸。

四、國共聯手一旦成為常態，民進黨執政將成傳說。

對於二〇〇五年連戰「破冰之旅」是以國民黨主席身分、應中共總書記胡錦濤邀請訪陸，二〇一二年謝長廷「開展之旅」是以「維新基金會」董事長身分、應國際調酒協會邀請訪陸，二者完全無法相比。然而，由於謝長廷是民進黨實力派領袖，又是有史以來最高層級的民進黨訪陸人士，因此備受各界關注。

謝長廷返台之後，台灣指標調查研究公司民調顯示：民眾針對大陸持續開放民進黨高層前往參訪，有五七・八％認為對兩岸政治交流與和平發展有幫助。其中，高達六三・二％民進黨支持者認為「有幫助」，也有六四・七％國民黨支持者持正面看法。更重要的是，民眾贊成「民共兩黨暫時擱置對立主張，共同推動兩岸和平發展」的比例，高達七三・一％，只有一〇・三％不贊成。即使民進黨支持者也有高達七二・九％贊成，只有一五・六％不贊成。

高達六至七成民眾對謝長廷訪中的積極肯定，顯示部分民進黨人對謝長廷訪中的「自我感覺恐懼」，已經與主流民意脫節。畢竟，二〇一二年的兩岸情勢，與二〇〇五年民進黨反對連戰「破冰之旅」，早已大不相同，兩岸不但已正式簽署了十八項協議，兩岸交流也普及多數民眾，民眾對於兩岸政治人物互訪，早已習以為常。

此外，美國在台協會理事主席卜睿哲也肯定謝長廷的「開展之旅」，美國在台協會（AIT）台北辦事處處長馬啟思在十月十六日拜訪民進黨主席蘇貞昌時，更直接表示「美國一向支持兩岸之間各種層級互動，對於最近民進黨人士訪問中國大陸，非常樂觀其成」，認為「兩岸溝通不但有助於互相了解，同時也對兩岸的穩定發展有非常大的幫助」。

即使是中國大陸，對於謝長廷的總體表現也給予高度肯定，包括回鄉祭祖的真情流露、支持兩岸文教交流、政治不能超越人性、兩岸要「面對差異、處理差異」等等，即使是謝長廷所提出、仍待兩岸深究的「憲法各表」提議，也被大陸視為謝長廷勇於突破民進黨意識型態窠臼的積極作為。

謝長廷同時得到美中兩大國的祝福，也得到多數台灣人民的肯定，如此明顯的有利氛圍，也被新潮流總召段宜康充分認知。段宜康在謝長廷返國的第一時間，就立即主張「民進黨領導人，應當善用謝此行在黨內撐出的空間，儘速整合、勇敢提出與中國大陸互動的基本價值與互動模式」。

憲法各表，兩岸特殊關係

謝長廷深知民進黨不可能接受「一中」，但要創建民共平台，又不可能迴避大陸所堅持的「一中」或「九二共識」。謝提出「憲法各表」主張，試圖以「中華民國憲法」作為基軸，一方面對內衍生出「兩岸互不隸屬、捍衛中華民國主權」內涵，產生類似「台灣前途決議文」的獨派論述效果，另一方面也對外衍生出「憲法特殊關係、互不承認主權、互相承認治權」內涵，產生類似國民黨「一中各表」的統派論述效果。

二〇一三年三月三十日，謝長廷在淡江大學演講時，進一步提出「兩岸憲法都內涵了『一個中華』概念」、「兩岸具有歷史連結和特殊關係」。他表示「兩岸現實就是兩地各有憲法，但兩岸的憲法又有特殊關係，所以兩岸關係要回歸到憲法來討論」。他建議「兩岸憲法對談的方向，可朝『兩岸政府關係條例』討論，藉此探究兩岸到底是什麼關係」。他結論說「從共生原理來看，要討論兩岸關係，可在上面架上一個共同架構或屋頂來談」。謝長廷的兩岸論述發展至此，已經和中共十八大所強調的「國家尚未統一特殊情況下的兩岸政治關係，做出合情合理安排」接軌，為民共交流提升到民共平台，創造出必要的論述條件。

二〇一三年六月二十八～三十日，謝長廷再度出擊，在香港舉行主題為「兩岸關係發展與創新」的大型民共研討會，台灣代表團高達二十九人，包括八名立委、三名市議員、一名民進黨中評委，大陸代表團也高達二十三人，包括國台辦官員、主要涉台智庫學者。不管是與會的兩岸陣容，或是綠營首度組團參與民共交流，都堪稱空前。

謝長廷在民共研討會上，仍然繼續主張「憲法各表、憲法對話」，為了避免大陸的台獨疑懼，謝長廷在閉幕詞又提出「三個共同」，呼籲兩岸人民應共同努力，「創造共同記憶、共同面對世界、建立命運共同體」，避免製造傷痛記憶，努力創造愉快互信的共同記憶，唯有透過兩岸一起面對世界，才能建立兩岸命運與共的連帶感。

不過，由於二〇一三年民進黨主席蘇貞昌對於兩岸路線轉型並不積極，謝長廷所啟動的紅線對話，難以在黨中央得到回應。但謝長廷所開創出來的「維新基金會」民共交流模式，亦即由紅綠智庫出面，舉辦介於一軌與二軌之間的紅綠研討會，未來很可能被其他民進黨勢力所採納。未來最值得觀察的兩大指標，一是民調最高的蔡英文，是否透過「小英教育基金會」開展民共交流；另一是民進黨最大派系、更熟悉兩岸運作的新潮流，是否也將透過「台灣新社會智庫基金會」推動民共交流。

從二〇一二年十月四日啟動「開展之旅」，到二〇一三年三月三十日完整提出「一個中華、憲法各表、憲法對話」，謝長廷已經克服了創建民共平台的最大障礙，亦即為民共兩黨創造出「大陸雖不滿意、但可求同存異」的政治對話基礎。

由於中國大陸想藉由民共交流，達成施壓馬政府、爭取更多台灣人民認同、降低民進黨抵制深水區、及早建立民共窗口等目標，如果民進黨同心協力，願意在謝長廷訪陸的論述基礎上，積極推動民共交流，在習近平的第一個五年任期，確實有創建民共平台的機會。

張志軍首訪台灣強化民共交流

二〇一四年六月二十五～二十八日，大陸國台辦主任張志軍首訪台灣，儘管並未拜訪台灣黨政高層，創建出兩個具有里程碑意義的兩岸新局：

首先是落實兩岸事務的主官常態互訪。大陸在台灣的兩岸服貿協議受挫的民意壓力下，仍然堅持張志軍回訪台灣，堅持推動兩岸主官互訪常態化，顯然是對兩岸繼續挺進深水區具有堅定信心。王張會針對兩岸兩會互設辦事處達成共識，增列人道探視功能，也必將加速兩岸互設辦事機構協議的簽署。不管是兩岸主官互訪常態化，或是兩岸互設辦事機構制度化，不但意味著兩岸官方接觸將更加頻繁，海協會官員也將在成立駐台辦事處之後，更直接、更深入接觸台灣各界。

張志軍啟動的第二個兩岸新局，是落實地方政府的民共合作。張將首訪台灣定位為「帶著耳朵的傾聽之旅」，正視兩岸經貿交流的分配矛盾問題，改以過去被國共兩黨相對忽略的「三中一青」（中南部、中小企業、中下階層、青年）作為參訪重點。由於民進黨選民大多屬於「三中一青」，張志軍特別在訪台行程納入回訪高雄，促成第二次陳張會，更具有擴大民共合作、擴大接觸非國民黨選民的雙重意義。

陳菊市長向張志軍提出「兩岸城市共同發展」四點建議，包括增加大陸城市與高雄之間的航班、希望與大陸城市共同推動郵輪合作、共同促進觀光與農漁產品銷售、期待與亞太各港口城市共同發起「港灣城市論壇」，顯示民進黨縣市長除了在態度轉向務實合作之外，更進一步在政策上轉向經貿優先。

值得關注的是，「三中一青」表面上針對台灣弱勢基層，其實卻是遙指民進黨，畢竟民進黨的主要選民，就是來自「三中一青」！隨著海協會設立駐台辦事處，大陸開始將直營觸角伸入基層，張志軍首訪所凸顯的民共合作第一個據點大高雄地區，必將成為大陸各種經貿力量進駐台灣基層的優先選項。

張志軍選上高雄市長陳菊，作為民共合作的最優先人選，具有三種戰略考量：首先是高雄市長期身為直轄市，不但工商業條件較好，發展腹地也較大，具有「輻射高高屏、引導嘉南跟進」的領導作用。其次是陳菊的民進黨分量無人能及，她不但和賴清德同為直轄市長，而且黨內輩分極高，足以牽動民進黨政策走向。最後是民共兩黨至今仍然缺乏共同的政治基礎，先從地方交流開始，可以避開至今仍然無解的政治定位障礙。

地方經貿優先，考驗蔡英文

可預期的是，隨著二〇一四年十一月二十九日民進黨在地方選舉贏得空前勝利，大陸海協會和各省市，必將擴大與民進黨縣市長實質交流，尤其是剛當選的台中市長林佳龍、桃園市長鄭文燦，兩人都具有深厚的兩岸交流經驗，又分別管轄攸關兩岸經貿發展的台中港和航空城，更可能在陳菊市長之後，成為民共交流要角。

一旦民進黨各執政縣市，相繼和大陸海協會建立民共合作，逐漸和大陸各省市發展出更深厚的經貿交流，民進黨縣市長基於「發展地方、經貿優先」的父母官立場，很可能出現「地方帶動中央」的兩岸轉型趨勢。

事實上，民進黨縣市長與黨中央的不同調，早已表現在自由經濟示範區的政策分歧。蔡英文主席反對「特區開放」模式，認為將導致「一國多區、產業混亂」，也認為「六港一空開放過多、缺乏發展重點」，但直到今天，民進黨縣市長仍然繼續堅持「特區開放、因地制宜」的務實做法。高雄市長陳菊仍然堅持高雄港物流自由貿易區，台南市長賴清德仍然堅持安平港自由貿易區，桃園市長鄭文燦仍然堅持航空城自由貿易區，與蔡主席立場並不一致。

隨著民共地方合作越來越成為主流，民進黨縣市長與蔡主席的兩岸政策分歧，很可能會浮上檯面，地方諸侯可能與黨中央爆發「地方尋求兩岸合作、中央堅持戒急用忍」的路線矛盾。蔡主席為了爭取二〇一六年總統勝選，究竟如何在「中央保守」與「地方開放」之間取得平衡，將是領導力的空前考驗。

拆除民、共政治壁壘的
新思維與新策略

陳淞山

現職專欄作家、新興民族基金會董事，曾担任考試院公務人員保障暨培訓委員會委員、陳水扁辦公室主任、跨世紀國會辦公室執行長、立法院國會助理工會理事、沈富雄立委辦公室特別助理、葉菊蘭立委特別助理，著作有國會制度解讀、跨世紀接班人、新世紀接班人、關鍵年代，政治評論文章大都在台灣、大陸、香港、新加坡發表，有美麗島電子報、今日導報、旺報、香港經濟日報、新加坡聯合早報、香港信報、商報、明報、大陸海峽導報。

九合一大選拿下空前勝利的民進黨，戒慎恐懼面對台灣未來政局的變化，畢竟，意外拿下十三席執政縣市的政治版圖，準備迎接二〇一六總統大選的挑戰，雖然前景相當地樂觀，但如何獲取人民信賴以穩定執政則是相當艱難的政治挑戰，尤其是面對中國大陸崛起的大國優勢下，台灣如何在美、中政治互動關係當中取得平衡，並順勢推動加入亞太區域經濟組織跨太平洋戰略經濟夥伴關係協議（TPP）與區域全面經濟夥伴協定（RCEP）的體系以避免經濟邊緣化的危機，台灣必須與中國大陸取得一定程度的政治默契與互信合作基礎，這是民進黨難以迴避的政治責任與義務，也是即將重返執政的民進黨必須面對的政治難題與罩門。

長期以來，民、共政治對立關係難以解套的關鍵，在於台獨黨綱與九二共識「一個中國」的問題，雖歷經二〇一二年總統大選的政治爭議與民進黨內凍獨提案功敗垂成的種種努力，問題還是依然無解，民進黨雖然以「台灣前途決議文」為核心價值取代台獨黨綱部分以往較為激進的主張，但還是難以擺脫外界認知的「台獨黨」政治印象，造成民、共政治交流的發展還是只能原地踏步、裹足不前；再加上，蔡英文主席的「壓寶說」與「台獨天然成分說」政治負面效應的衝擊，民、共關係急轉直下，原本民進黨所規劃的兩岸智庫交流與城市交流的積極交流政策，似乎也因大陸當局採取逐漸緊縮、保守以對的因應立場而陷入空轉，民、共政治關係更加雪上加霜，難有動彈迂迴的政治發展空間。

九合一大選結果非屬兩岸公投

九合一大選結束當天，面對民進黨空前的勝利，大陸國台辦發言人馬曉光低調表示「我們注意到這次選舉的結果，希望兩岸同胞珍惜兩岸關係來之不易的結果，共同維護並繼續推動兩岸關係和平發展」，顯然，大陸當局並未打算調整改變對台的基本立場與方針，對民進黨還是抱持某種善意的期待。緊接著，數日後，民進黨秘書長吳釗燮在華盛頓也特別表示，這次選舉以地方議題為主，即使馬政府的的兩岸政策確實引發一些效應，但吳特別強調「選民並非對兩岸政策進行公投」，並未把國民黨的失敗當作中國的失敗，顯然，民進黨也希望保有與中國大陸共同推動兩岸和平發展的前景，縱使在大選中確實因為台北市長連、柯對決而引發兩岸政商權貴買辦政治的爭議話題，民進黨也不願意藉機挑起兩岸的政治敏感神經刺激大陸當局，為未來的民、共和解與政治關係的解凍營造良好的政治氛圍。換句話說，民、共之間的確有相當程度的積極意願改善彼此的政治互信關係，都相當節制彼此的政治歧見與問題，不希望因為選舉結果的任何變數與發展破壞兩岸關係的發展，更不願意用情緒性的政治語言或傳統敵對性的政治喊話加深雙方的政治距離與歧見。

這是個好的開始，民進黨與共產黨都用理性與尊重的態度來審慎處理未來兩岸關係的發展與變化，這是柯文哲效應輻射全台造成政治旋風讓民進黨漁翁得利，開始懂得自我節制，冷靜、理性且務實面對未來的兩岸新局，而共產黨方面也能夠以尊重台灣民意的角度，坦然面對民進黨可能重返執政的政治現實，以更務實的態度處理兩岸關係發展得來不易的政治成果及未來新型態的國、民、共政治關係的可能變化。

兩岸關係的發展與推動，其實是同理心與換位思考的根本問題，中國大陸雖然在經濟與國際外交上對台灣有「比較優勢」，但必須尊重兩岸文化、生活習性、價值觀與文明程度差異的不同情況，以更大的耐性及包容心來理解台灣目前的政治認同問題，才能拉近雙方的政、經、社會距離，並藉由交流與合作漸近融合，這不是用「九二共識」或「一中原則」的政治口號或認同可以加以解決，也不能藉由選舉或政治的需要可以壓迫民進黨加以就範。民進黨雖然取得九合一地方選舉的空前勝利，但不要沾沾自喜這是台灣多數人民信任民進黨執政的政治成果，勝選主因是國民黨敗在自己的手上，馬王政爭、太陽花學運與柯文哲旋風的形成是國民黨操作過頭、內部政爭權鬥所種下的惡果，成為真正的敗選主因，因此，民進黨更該珍惜這種意外的勝利，理解大陸當局為什麼肯繼續推動兩岸關係和平發展的大局，為什麼不會因為民進黨的可能執政就採取強硬的對台政策立場？這是因為大陸當局與人民對台灣有濃厚的歷史情感，有文化、血源割捨不掉的政治情懷，所以，兩岸的交流、合作與融合是他們必須承擔的歷史責任與任務，兩岸同胞的心靈契合與一家親的未來發展是他們堅定不移的政治理想藍圖，民、共之間縱使有所歧見，有所隔閡，也應排除障礙、理性對話與溝通，以化解雙方的歧見與距離，這才是解決兩岸根本問題的關鍵所在。

開展全面性的兩岸城市交流

當然，從兩岸關係發展的具體政治操作層次而言，交流與合作是必然的潮流與趨勢，民進黨在中國事務委員會達成兩岸積極交流的共識結果，並打算先以智庫交流、城市交流的模式化解民、共對立的政治僵局，而大陸當局在台灣太陽花學運後也調整對台政策方向，往「三中一青」的路徑發展，這都是正確的判斷與思維，如何化為具體的行動才是強化兩岸政治互信，積累兩岸融合能量的根本途徑。民進黨以往雖有許多地方執政縣市的兩岸城市交流經驗，但還缺乏整體規劃的城市行銷策略，因此，九合一勝選後的民進黨地方執政縣市是該整合在一起，由最資深且具兩岸交流豐富經驗的高雄市長陳菊帶頭率領其他十二位民進黨籍縣市首長登陸交流，展開推動城市與縣市特色行銷的「巡迴交流之旅」，向中國大陸各大城市與人民招手，無論觀光旅遊、農產品推展行銷、產業合作與投資等，兩岸都可以發展與合作，對於大陸當局所在意的「三中一青」問題，民進黨執政縣市也願意共同合作推動交流，青少年論壇或夏令營活動，中小企業產業合作論壇或峰會也可在兩岸各大城市或縣市合辦舉行，這對於兩岸的城市交流與合作才能發揮真正臨門一腳地正面幫助，對於兩岸的政、經與社會交流與融合才能夠全面開展。

民、共智庫交流化解政治歧見

對於民、共智庫交流方面，首屆在上海所舉辦的兩岸和平論壇，偏綠屬性的新台灣國策智庫也曾參加與協辦，效果不錯，民、共之間應該汲取經驗推動台灣的本土智庫與大陸智庫的交流與合作，拉近彼此的距離並化解雙方的隔閡及歧見。往後，在大陸的涉台智庫也應秉持開放、包容的政治格局，邀請偏綠屬性的本土智庫合辦或派員參加各種模式的兩岸交流論壇，不要總常侷限在與國民黨某些智庫的交流與合作，如此，也能讓大陸的涉台部門官員及智庫學者更容易認識台灣多元面貌、理解台灣的民主政治內涵及價值並真正傾聽到台灣多元民主社會的聲音，唯有如此，才能真正解決兩岸主其事部門偏聽、偏言與偏信的政經盲點，消除雙方誤判情勢所可能做出的錯誤決策。

其實，在民、共智庫交流方面還是有更積極突破的作法可以推動，除了新台灣國策智庫以及維新基金會與大陸涉台智庫合辦或協辦兩岸論壇模式外，民進黨新境界基金會智庫也應該藉由地方執政縣市或本土智庫的兩岸交流活動派員隨團參加，不論是登陸交流進行城市推銷，或者大陸涉台智庫與省市城市在台灣進行各種兩岸論壇或交流活動都應共同參與，以增進對大陸各種問題與現象的瞭解及認識，俟未來時機、氛圍與條件成熟後，新境界基金會更應主動與大陸涉台智庫合辦各種大型的兩岸論壇或交流活動，舉凡兩岸政治、經濟、社會與文化交流活動都可涉及討論，共同面對問題，解決問題，不僅可以適時反應給民進黨中央形成新的對中政策，同時，也可以讓大陸當局與涉台智庫瞭解民進黨真正的思維與想法，或許，這才是可以真正解決民、共對立政治僵局，消弭雙方政治歧見與敵對意識的最佳方法與途徑。

如何共創兩岸文明價值共同體？

台灣民意的主流發展趨勢，原本就不是兩岸統一或獨立的爭議如何終極決定解決的問題，而是如何通過雙方的積極交流與合作互動以營造兩岸政經社會文化的融合，拉近兩岸人民的生活方式、價值觀與文明認知的差異，共同創造中華民族偉大復興的「兩岸夢」，以建構新型態的政治融合典範，體現「以人為本」的生存價值與幸福願景。

因此，無論台灣九合一選舉的結果藍綠政治版圖如何消長變化，或者是二〇一六年的立委與總統大選是否政黨輪替，都改變不了兩岸關係和平發展與交流合作的大趨勢，北京當局也不應因為藍綠政治版圖的變化或民進黨的可能重返執政而翻轉兩岸關係發展的潮流與趨勢，反而更應因為可能的換黨執政，積極促進與台灣另一半的政治選民展開新政治對話與消弭歧見的政治契機。

蔡英文主席在二〇一四年九月十三日出席「美國重返亞洲與亞太區域安全國際研討會」時表示，在兩岸關係整體上，民進黨願面對兩岸長期存在的歧見，為積極尋求兩岸爭議的化解之道，民進黨會以堅定、務實、穩健的步伐，努力和對岸建立全新的互動及溝通模式，以實踐和平穩定發展的兩岸互動關係。這是一個好的開始，意味著蔡主席對民進黨與兩岸關係的發展是有相當務實理性的開放思維，是想要真正解決兩岸長期存在的歧見以化解對立與衝突，但缺乏展現積極行動力的政治動能與誠意，必須藉由具體行動的政治宣示來獲得支持與信任，否則，根本很難讓人感受到民進黨真的已經在調整、在改變的努力！

誠然，兩岸關係發展前景的關鍵，不在於國、共之間會不會有所謂的「馬習會」，也不在於民、共之間對統獨的政治爭議是否有達成雙方讓步的共識形成機會，而是台灣民心向背的民意走向問題。民進黨能否揚棄「反中價值觀」，消弭對中政治態度的敵意與對抗，強化雙方積極交流展開互動合作的政治互信積累？都是影響或改變台灣民心與民意走向的一大關鍵因素，這才是未來兩岸能否從交流走向合作，從經濟合作走向政治融合的重要關鍵契機，才是兩岸能否共創「文明價值共同體」的努力方向。

民進黨兩岸政治罩門的解套之計

民進黨要重返執政、穩定執政的政治罩門就是「兩岸問題」，這不是憑藉著「積極交流」的口號或行動便能加以解決，也不是承不承認「九二共識」或凍不凍結台獨黨綱便可迎刃而解。畢竟，支持「九二共識」的國民黨，並沒有真正解決台灣民生經濟、貧富差距懸殊、低薪高房價的問題，只是從中造成圖利財團與政商權貴個別的特殊利益不正常現象，如今，反而成為國民黨九合一敗選的真正原因，馬英九的兩岸政績變成沉重難載的政治包袱，台灣內部的反中價值觀與政治意識因而抬頭。

因此，民進黨要面對的兩岸問題，是如何在穩定兩岸關係和平發展的前提下，共同促成兩岸鞏固交流、深化交流與互利合作的發展基礎，並導正兩岸政商權貴買辦政治的不正常偏差情況，讓台灣人民均享中國大陸經濟崛起的龐大利益。

所以，民進黨未來的國家總體發展藍圖與路線，必須正確處理兩岸問題，必須在「發展與均衡」並同時兼顧世界觀與兩岸觀的原則下去重建兩岸關係發展的新秩序與價值觀，才能根本解決兩岸政、經與社會發展的關鍵問題，不是採取「從台灣走向世界」、「從世界走向中國」的政經策略便能處理。

總之，民進黨重返執政的最後一哩路是兩岸問題，要能穩定執政、信任執政的最重要問題也是兩岸關係，這是民進黨必須克服的政治關卡與難題，也是蔡英文主席更上一層樓的政治責任與義務。民進黨不能虛耗未來一年多的政治光陰等待執政，蔡英文也不能等到選上總統才需展現執政能力面對兩岸問題；民進黨應該積極主動率先對外宣示結合台灣產官學與公民社會的力量共組「台灣共識聯盟」，在今（二〇一五）年六、七月召開超越黨派的「台灣共識高峰會」，全面檢討台灣的民主經濟與兩岸關係問題並提出解決對策與共識結果，帶領台灣走向新的未來與希望願景，這才是展現執政能力的民進黨該有的政治格局。

同時，大選勝利過後的民進黨，除了結合民間社會的力量推動修憲以建立權責相符的憲政體制外，更應審慎評估如何整合解決台獨黨綱、台灣前途決議文與正常國家決議互相矛盾扞格的政治衝突紛爭，擬定符合時代潮流的新決議文或保衛台海和平安全的兩岸和平政治綱領，做為與美國、日本及中國大陸「穩定平衡」的政治對話基礎，以取代「九二共識」、「一中原則」的政治爭議，這或許能夠突破外界對民進黨未來對中政策因九合一勝選會趨向保守的政治基調，讓人刮目相看民進黨還是有能力處理好兩岸問題並寄予更深切期盼的厚望，重要的是，兩岸交流熱絡的政經榮景也不會因為民、共政治僵局而遭受重挫或倒退的結果，對亞太安全秩序的平衡與兩岸關係的長期穩定發展更有重大的助益，符合大家的共同利益。

兩岸關係錯綜複雜經緯萬端，牽一髮而動全身，民進黨是該拋下島國心態重新面對中國大陸的崛起與繁榮，為台海安全與和平善盡政治責任，而大陸當局也應該放下大國優勢的政治心態，不要再用「九二共識」與「一中原則」作為與民進黨交流互動的政治前提及要件，則兩岸深化交流與互利合作的政治新局必然到來，未來兩岸的政經融合與兩岸一家親的新氣象才能為兩岸人民的永久福祉帶來新希望與新契機。

民進黨應有的兩岸政策原則

陳博志

1949年生於台灣虎尾，國立台灣大學經濟學博士，曾任台大經濟系教授、系主任兼研究所長、台灣經濟研究院顧問、中央銀行理事、行政院經建會主任委員、總統府國策顧問、總統經濟顧問、民進黨政策小組召集人、以及台灣智庫董事長等職。主要研究領域包括國際金融、貨幣政策、國際貿易的競爭與替代、以及產業和經濟發展策略。

兩岸政策須確保兩大共識

本書名為《面對：民進黨菁英的兩岸未來》，我以前也曾幫民進黨做過一些事，但本文是我從全民利益來思考提出的主張，我雖然希望民進黨和國內其他政黨及相關人士都能瞭解並接受本文的主張，但在此仍須表明本文是我的主張而非民進黨的政策。我認為台灣人民對兩岸問題其實有極大的共識，但因為政黨競爭和統獨爭議等因素介在其間，而使很多人以為台灣人民有極大的對立，並使兩岸政策充滿不符合事實及學理的主張和偏見。本文將指出，統獨問題其實不該是兩岸政策爭議的重點所在，因為統獨並非台灣人民的最終目標，也非台灣當前實際能施行的政策，統獨只是很多政策主張裡的中間目標或途徑。若大家能確定對最終目標的共識，並釐清各種政策主張和最終目標之間的正確關聯，國人對兩岸政策必可有更廣泛而可行的共識。

台灣絕大多數人民真正的最終目標是要自由、民主、繁榮、和尊嚴。絕大多數人民及主要外國也認為兩岸問題的解決程序必須是和平而且得到台灣二千三百萬人的同意。由此可見台灣人民對兩岸政策的最終目標和必要程序具有極高度的共識，有所爭議的只是一些中間的策略，所以民進黨和其他政黨的兩岸政策都應以確保這兩大共識為主要基礎和目標。至於各界對中間策略的不同意見，則應多可在這兩大共識的基礎上，經由理性和相互尊重的討論，而得到進一步的共識。

統獨只是無共識的中間目標

既然台灣人民對兩岸問題的最終目標和必要程序有高度共識，應只屬於中間目標或手段的統獨問題為何卻常引發強烈爭議？這是因為有些人認為統獨就是最終目的，更有不少人認為不統或不獨就不可能得到自由、民主、繁榮、和尊嚴這些最終目標，甚至有人認為和自己的統獨意見不同的人就是要破壞上述最終目標。但這些看法在大部分時候並非事實，而是雙方長期對立所造成的誤解或偏見。不在現階段就確定要走向統或獨，並不會使我們失去自由、民主、繁榮、和尊嚴等最終目標。相反地，現在同時有人主張統有人主張獨，反而可能給台灣更大的保障。有人主張統使中共有所期望而較不會躁動，有人主張獨則讓我們在中共想躁動時能得到較強的國際支援。所以台灣主張統或獨的人不只應相互尊重，其實也應相互利用，來為台灣人民甚至整體華人和東亞爭和平及最大的利益。這是台灣人民在兩岸問題上亟待建立的正確心態。

統獨方向須獲人民同意

統獨雙方迄今不易相互尊重的主要原因，是雙方缺少互信，因此害怕對方若掌握權力就會躁進地推動統或獨，並因而傷害到某些最終目標，以及其他人和未來人民選擇的權利。而在贏者通吃的憲政制度下，這種恐懼更在選戰中被誇大和濫用，而加深雙方的對立。因此民進黨和其他政黨在兩岸政策上應做的第一件事，就是承諾不會利用執政的機會而推動獨或統。台灣各政治勢力最好能共同訂定制度，明確規定必需要有絕大多數人，例如八成以上公民的共識才能決定統獨的方向，而在沒有那麼高的共識之前，政府的相關政策不能刻意偏向任何一方，也不能損害人民未來做選擇的權利。我們最好也改掉贏者通吃而使政黨極端對立的憲政體制。有了這樣的承諾或制度，不同主張的人民不必再擔心另一方執政者的躁動甚至出賣，台灣的政治才可以擺脫因統獨問題互不信任所造成的對立，而可以較理性地討論包括兩岸問題在內的各種政策。人民也才可以擺脫政黨以兩岸問題製造對立和綁架選民的惡習。

兩岸政策須透明和客觀討論

在統獨相互尊重的大前提下，多數統獨和兩岸相關的問題並非不能理性討論或辯論。人民在統獨和兩岸政策有不同主張的原因可大致分為三類：感性的、理性的、以及私利的。人們若由於自己的出生地、家人的經歷、以及文化的偏愛等等感性因素，而主張要統或獨，那是民主國家人民的自由，民進黨和全民都應該尊重。

理性的兩岸政策主張是每個人基於他對事實和道理的瞭解，而認為可以達成前述最終目標的做法。大部分兩岸政策的爭議都屬於這一類，因此都應該經由理性客觀的討論，驗證彼此所認定的事實和道理是否正確。而在排除可證明不正確的主張之後，人民的主張雖仍會因有些事實和道理無法釐清而無法完全一致，但差異可以大幅縮小，而較能找出大家都可接受的政策或進一步再討論的基礎。因此理性的主張不必直接用選票對決或成為衝突的標的，而應透過各界更廣泛和深入的討論，以儘量形成更多人民的共識。

至於基於私利的兩岸政策主張，我們一方面可透過更透明化的資訊讓全民來研判其中是否有私利或被收買的因素，另一方面因為這類主張通常仍會包裝成基於事實和道理的主張，所以仍應像理性的主張一樣須藉客觀的討論來檢驗其正當性或正確性，不必因主張者有圖私利的嫌疑，就一概否定其主張。

由此看來，未來的兩岸政策不應陷入相互指責對方意識形態乃至私利的對抗。民進黨和各黨派都應相互尊重彼此的感性因素，而理性客觀地討論基於前述有共識之最終目標和必要程序的各種政策主張。這種理性的討論在經濟議題上尤其必要且可行。

民進黨不排斥兩岸密切經貿關係

批評民進黨的人常說民進黨是鎖國，是逢中必反，是不要中國市場。這種極不符事實的指控使指控者無法理性地評論和思考民進黨的真正政策主張，所以民進黨首先必須強力駁斥這種指控，並表明民進黨也要台灣和中國有密切的經貿合作，只是在某一部分方向和做法上與國民黨馬政府不同。兩岸由於語言、文化、和地理位置相近，自然發展就會有密切的經貿關係，民進黨並不排斥和逃避，但從全民的利益來看，政府也不宜隨便用政策促使兩岸經貿關係比正常發展時更為密切。國民黨錯把兩岸自然會有密切經貿關係當成應該刻意強化兩岸經貿關係，因此不只不和先進國家而要先和中國簽各種合作協定，而且幾乎所有政策都是以和中國合作或利用中國因素為手段或目標，也就是向中傾斜而忘掉我們更該改善台灣本身的制度和實力，因此才有近年薪資倒退、分配不均，以及食安風暴等問題。

國際競爭產業應加強兩岸合作協調

基於雙方自然會有的密切往來的大原則，有些方面雙方應進一步強化合作關係，有些方面則應小心避免可能相互傷害的問題，不是盲目全面無限開放或全面任意設限。在一般貿易財方面，兩岸參與國際競爭之重要產業應有比一般國家間更積極的合作，一方面避免既有合作關係被不公平的政策打亂而造成傷害，另一方面也可相互支援形成整體的力量而提高雙方在國際上的競爭力。例如台灣的面板、半導體、和其他電子零組件與中國的下游產業已有長期大量合作，因此雙方應努力降低相關的貿易障礙，特別是避免給其他國家更大的優惠而歧視對方產品。雙方的產業發展和投資政策也應協調而不以取代或傷害對方為目的。雙方應合作以和其他國家競爭，而非與其他國家合作來打擊對方。

非貿易財及文化相關產業開放須保護弱勢

至於非貿易財產業以及和兩岸共同文化相關的產業，兩岸要關心的並非對其他國家的競爭，而是彼此間的競爭。由於兩岸地理和文化的相近，有些在國際間不易相互貿易的非貿易財及和本身文化習俗相關的產品，卻能在兩岸間相互買賣或投資經營。這類產業的快速開放可能對其中多屬較無國際競爭力的業主和勞工造成衝擊，而對雙方與外國競爭的能力卻少有幫助。國民黨的服貿和對農產品的開放，就是缺乏對弱勢者必要的考慮，才會被人民拒絕。民進黨對這類產業應採較謹慎的態度，先安排好必要的配套措施，再談循序開放的時程。

積極防止不公平手段

由於雙方語言文化相通而合作空間較大，因此在某些方面不公平競爭的傷害也會較大。特別是在人才和智慧財產的競爭上，語言文化的互通使雙方都更容易吸收對方的人才，仿用對方的智慧財產，甚至把對方企業的基礎奪走。所以兩岸在這方面要協商建立較周全合理的規範，以防止一方用不正當的挖角和仿冒等手段從事競爭，雙方政府當然更不可鼓勵這類不正當的手法。

兩岸合作須對等互惠

雙方的合作應是對等互惠，因此不要自大也不要自卑。國民黨長期以自大的心態，說要做中國的門戶和中心，說和中國的分工是台灣更做高級品和低污染產品，而把不好的東西拿去中國做。事實上中國既已發展成為超級大國，中國的出口和海港運量已十倍於台灣，各種設施和產業也都會自己建設發展，國民黨長期以來要做中國門戶和中心的說法根本是妄想。包括台商產品在內在中國生產的眾多產品質量已都不輸給台灣，許多國際企業的地區營運中心也已設在中國大陸，事實已證明國民黨長期以做中國門戶和亞太營運中心為基礎的傾中政策，是錯誤的方向。

別再自卑求中國讓利

而在另一方面，國民黨卻又自卑地認為依賴中國是台灣經濟的唯一出路，鼓吹企業要經由中國才能走向世界，並且以求得中國的「讓利」做為政績。事實上我們不能自大也不必自卑，全球化時代有國際競爭力的企業如台積電，不必經由任何國家也不必靠誰讓利，就可以取得全球市場。而沒有競爭力的企業即使得到中國的特權，也隨時要擔心特權被拿掉，或其他人也得到特權，因此遲早要被中國本地企業或不必依賴特權的外國企業取代。

拒絕政商關係和密室交易

所以民進黨的兩岸經貿政策不該自大或自卑，而是要提升及發揮台灣產業的國際競爭力，並要為有國際競爭力的產業爭取公平競爭的條件。政府應廣泛調查國內企業和海外台商所遭受的中國不公平競爭和不公平政策，據理和中國協商改訂合理互惠的政策，讓企業不必再透過政商關係和兩岸買辦人士來搞特權或密室交易。

中國不應阻礙台灣參與國際經貿合作

我們同時要爭取的還有公平的國際競爭。我們經過多年努力，在二〇〇二年加入世界貿易組織（WTO），已可享有各會員間的基本公平。然而近年世界貿易組織的持續自由化不太順利，許多國家互簽自由貿易協定之類的合作，而使未參加這類協定的國家受到不公平的待遇。台灣因為中國的阻擾，和外國簽的這類協定甚少，國民黨乃大肆宣傳說我們會被邊緣化而無法發展。國民黨並主張要先和中國簽約才可能和其他國家簽約而避免被邊緣化。然而國民黨政府和中國簽《兩岸經濟合作架構協議》（ECFA）時，卻未獲得中國不阻礙台灣和其他國家簽約的保證，因此台灣至今無法和主要國家簽訂這類合作。所以台灣目前在國際經貿往來上所受的不公平待遇乃是中國的阻礙和國民黨的無能所造成。民進黨或其他政治團體應讓人民瞭解這事實，並讓中國瞭解這種抵制已被台灣人民視為惡意，因此請中國停止這種無助於兩岸友好的抵制行為。

強化產業競爭力比加入區域合作更重要

我們也要讓人民瞭解，我們雖然要努力參與更多這類區域合作，但這些協定都是有利有弊，我們必須有配套措施讓可能受害者得到合理的保障和補償。整體而言因為我們已有世界貿易組織和資訊科技協定（ITA）等保障，因此未能加入更多區域合作的損失其實相當有限，不致於像國民黨所宣傳的那樣被邊緣化或不能發展。各類經貿自由化的協定因為是開放競爭，所以都是對強者有利的政策。我們的產業若沒有足夠的國際競爭力，自由開放很可能未得其利先蒙其弊，因此強化產業競爭力才是更根本的政策。產業競爭力若能強化，不只可以從自由化得到更大利益，也不會因為沒參與區域合作產品就無法與人競爭，這一來在國際合作談判中也可有更大的談判籌碼，不會像國民黨談判前就大喊不簽不行，以致讓人予取予求，也不會落入國民黨目前既怕無法參與卻又怕受傷而只好求人讓利的困境。

提供人才經驗協助中國人權進步

在經貿之外，我們的兩岸政策至少還有兩個重要的任務，即對中國人權和民主化的關懷，以及國際和平秩序的維護。台灣各界以往或者為了避免讓北京政府不高興，或者為了表示和中國的區隔，對中國人權和民主化問題常不夠關心。但中國人權和民主化若未能進步到某個水準，兩岸關係必難獲得圓滿的解決。因此我們應根據台灣對中國超乎其他國家的瞭解和感情，以及台灣經驗較外國經驗更適合在中國複製的特質，積極提出善意的批評和建議以協助中國人權和民主化的進步。

台灣過去經濟發展的經驗不只是後來中國改革開放的可能示範，台灣經濟發展所累積的人才和資金也曾對中國經濟發展有指標性的協助。台灣人權和民主發展也有很多成功和失敗的經驗，也累積了很多人才和知識，這都可以和中國政府及人民分享來促進中國人權和民主化的進步。台灣自己當然也仍要更努力改善保障人權及落實民主的制度和文化。

舉例來說，中國勞工工作時間和工作環境等問題常受國際關切，而台商工廠又常是被指摘的對象，但台灣卻很少人去關心中國勞工，實在很不應該。未來我們應主動瞭解甚至規範台商所涉及的勞工人權和環保問題。在中國經營的台商應做為改善兩岸人民感情的大使，不應被中國民眾看成剝削勞工和環境的奸商。

中國霸權心態無法領導世界

至於在東亞和國際和平秩序方面，台海情勢常被視為國際情勢的一個重要引爆點，而中國經濟軍事力量的崛起也常被認為可能破壞現有的國際秩序。這兩個問題擺在一起使不少人士想到以犧牲台灣來安撫中國的策略，台灣過去數十年就在這種策略下逐漸失去國際地位。然而歷史已證明這種慕尼黑協定式的策略只會讓新崛起的不安定勢力得寸進尺而已，並無助於區域和全球長遠的和平。

中國被認為可能破壞現有國際秩序的主要原因，是中國傳統支配週邊其他國家的思想，以及中國近代被其他國家侵略所留下的報仇心情。這兩種思想不改變，中國就會繼續讓其他國家擔心，中國成不了世界的領袖，而世界也不能安定。李光耀先先生就曾明白說：「與美國比較，中國崛起後未必是個柔和的霸權」，「如果美國完全撤出東亞版圖，而中國成為唯一主導的強權，那我們的處境的確會變得更嚴峻」。台灣有機會可以促使中國改變目前讓人擔心的霸權心態，而中國也可以藉著對台灣的和平友善來證明中國對其他國家和平友善的態度。

兩岸共同發揚王道和慈悲精神

海峽兩岸現在都號稱承襲中華文化思想，而其中最主要的儒家思想和佛教精神，都不認同現在主導中國國際策略的支配和報復策略。我們可用兩岸都尊崇的孫中山先生的講法來提醒中國改變現在的策略。孫中山先生一九二四年曾到日本發表「大亞洲主義」演講，他希望興起的日本以儒家的「王道」精神幫助亞洲其他國家，不要學西方「霸道」的做法去支配和侵略其他國家。日本沒有聽這善意的勸告而發動侵略，結果讓自己和其他國家遭到極大的不幸。台灣應透過所有管道喚醒中國人兩岸原本共有的儒家王道思想和佛教慈悲精神。而一個人如果常常說要揍他的兄弟，別人很難相信他會和善對待鄰居，中國若能用友善對待台灣，其他國家也才可能相信中國是王道和慈悲的和平崛起。所以兩岸若能共同努力發揚王道及慈悲精神，共同實現兩岸的友好和相互尊重，讓兩岸超越統獨爭議的新關係成為中國和平崛起和世界大同的示範，東亞和世界將可在這精神上免於相互猜忌和恐慌，確保和平和秩序。

對民進黨的
四項兩岸政策建議

童振源

現任國立政治大學國家發展研究所特聘教授兼所長、預測市場研究中心主任，與兩岸政策協會理事長。美國約翰霍普金斯大學高級國際研究學院國際事務碩士與博士。於2006年9月至2008年5月擔任中華民國行政院大陸委員會副主任委員，2008年獲行政院國家科學委員會優秀年輕學者獎，2012年獲得政治大學學術研究特優獎。著有《全球化下的兩岸經濟關係》、《東亞經濟整合與台灣的戰略》、《台灣的中國戰略：從扈從到平衡》、《台灣經濟關鍵下一步：兩岸經濟整合的趨勢與挑戰》、《台灣未來關鍵下一步：透視2016選前兩岸關係發展與政策》等專書。

兩岸政策牽涉到台灣的生存與發展，可以說台灣最重要的公共政策。但是，兩岸關係相當錯綜複雜，牽涉到理性、感性、利益、意識型態、歷史、現實、台灣民意、大陸情勢、國際情勢與強權利益。民進黨作為一個政黨，其使命便是要執政與施政，並且促進兩岸的永久和平。基於此，提出四項兩岸政策建議供民進黨的朋友參考。

兩岸政策須遵循的三項原則

在思考民進黨的兩岸政策時，應該確立三項政策目標：贏得總統大選執政、建構國會多數穩定施政、推動兩岸關係的穩定與和解。要達成這三項政策目標，民進黨的兩岸政策必須遵循三項原則：讓台灣人民滿意、美國接受與大陸忍受。

首先，民進黨的兩岸政策主張必須符合台灣的主流民意，亦即要大多數台灣人民滿意，民進黨才有機會執政，執政之後才有籌碼與大陸周旋與談判。台灣的民意與民主才是民進黨執政後對大陸的最大籌碼。然而，根據民進黨的民調，馬政府與民進黨的兩岸政策主張都沒有獲得大多數台灣人民的支持，甚至民進黨的兩岸政策滿意度都比國民黨政府還低，顯然不利於民進黨重返二〇一六年執政，更不利於民進黨捍衛台灣的國家利益。

根據民主進步黨二〇一三年九月第三次全國性民意調查報告結果，對政府的大陸政策滿意程度，全體受訪者中有二六・三％滿意、五七％不滿意。如果將滿意度減掉不滿意度，可以得出淨滿意度，由此得知，馬政府的大陸政策淨滿意度為負三〇・七％。另一方面，對民進黨的大陸政策滿意程度，全體受訪者中有一七・五％滿意、五三・六％不滿意，民進黨的大陸政策淨滿意度為負三六・一％。

根據民進黨在二〇一四年三月上旬所做的民意調查，除了對中國的社會政策之外，台灣民眾對民進黨的兩岸政策各個面向的支持度都比國民黨還低。整體而言，三五・二％的民眾認為民進黨的兩岸政策與他們比較接近，四一・一％的民眾則認為是國民黨；三四％的民眾認為民進黨的兩岸政策對台灣比較有利，四五・六％的民眾認為是國民黨；二七・七％的民眾認為民進黨的兩岸政策執行成果比較滿意，四七・八％的民眾認為是國民黨；三五・二％的民眾對民進黨的兩岸政策比較安心，四二・二％的民眾認為是國民黨；二五・五％的民眾認為民進黨對中國的經濟政策與他們比較接近，四四・七％的民眾認為是國民黨；三六・五％的民眾認為民進黨對中國的社會政策與他們比較接近，三二・一％的民眾認為是國民黨；三一・四％的民眾比較支持民進黨跟中國交流的態度，四五・七％的民眾支持國民黨。

其次，民進黨的兩岸政策主張要被美國（國際強權）接受與祝福，才會遏制大陸對台灣在軍事與經濟上施壓，才會支持台灣參與國際社會，台灣才有實力與大陸交往與談判。大陸在一九九二年的經濟實力是台灣的二・二倍，二〇一二年已經達到一七・六倍。連美國都必須尊重大陸在

圖一、台灣民眾對兩黨中國政策的態度

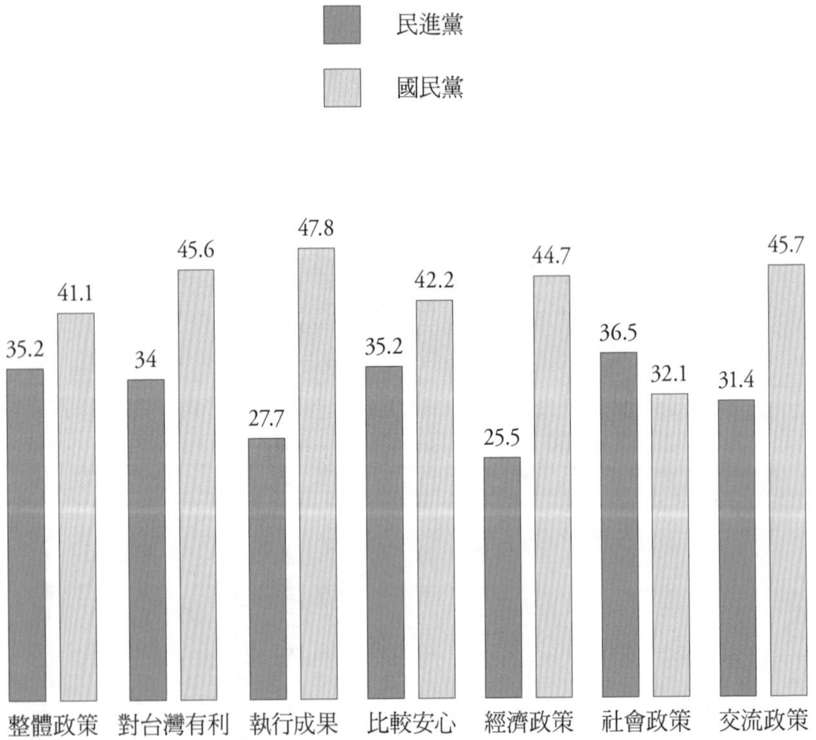

資料來源：中國事務委員會第六次會議新聞稿，民主進步黨

國際社會的地位與角色，台灣一定要贏得國際強權的支持，台灣才不會被孤立，獨自面對大陸的武力或其他強制壓力。

第三，大陸要能忍受民進黨的主張，才能建立與維持雙方的互動，進而逐步累積互信與共識。兩岸的衝突是根本性的主權衝突，要達成妥協是非常困難的。所幸，大陸目前沒有實力、也不希望以軍事方式解決兩岸衝突，可能相當長一段時間仍會著重於經濟發展與解決內部問題。因此，大陸在對外政策上追求和平發展與國際和諧，會在兩岸關係上對台灣做出一定妥協，亦即默認台灣事實獨立的事實。不過，大陸妥協的程度有其極限，亦即在名義上不能忍受台灣法理獨立。

在上述三項原則下，茲提出四項政策建議供民進黨朋友參考：第一，凍結台獨黨綱與通過中華民國決議文；第二，朝野簽署「國家前途民主決定公約」與推動在總統府之下成立兩岸和平發展委員會；第三，推動「憲法各表」作為兩岸關係發展的兩岸共識；第四，以「民主中國」與「華人認同」搭建和平與發展的兩岸社會橋樑。

建議一：凍結台獨黨綱與通過中華民國決議文

因應台灣民主化的情勢變遷，台獨黨綱的歷史任務已經結束，民進黨應該凍結台獨黨綱，全面推動台灣的國家建設與維持兩岸和平發展。民進黨前主席蘇貞昌對外公開說，民進黨的兩岸政策立場是「台灣前途決議文」，現在最重要的事情是國家建設，而不是回頭搞台獨。

民進黨應推動在全代會通過「中華民國決議文」，落實「台灣就是中華民國、中華民國就是台灣」符合台灣主流民意與朝野共識的台灣共識內涵。民進黨應強調台灣是一個事實主權獨立的國家，國號是中華民國，不再推動更改中華民國國號或建立台灣共和國，藉此化解統獨爭議與減緩朝野內耗，同時建立民進黨與中國共產黨全面性交往的政治基礎。

台灣是一個主權獨立的國家，其國號為中華民國，主權屬於二千三百萬台灣人民。這是台灣朝野與民意的共識，也就是「台灣共識」，也是兩岸和平穩定現狀。台獨黨綱卻讓大家誤認民進黨執政後要制定新憲法與建立台灣共和國，造成虛假的統獨爭議與台灣內耗。凍結台獨黨綱將讓朝野政黨團結在「台灣共識」的基礎上應對兩岸關係，聯合捍衛台灣的國家利益。

除了凝聚台灣共識與避免台灣內耗之外，台獨黨綱已經不符合台灣的主權現狀、不符合台灣的國家利益，民進黨執政也沒有意願與能力推動台獨黨綱，即使民進黨成功推動法理台獨，也難有顯著效益。反過來說，台獨黨綱存在將會妨礙民進黨贏得政權、持續成為朝野分歧與兩岸衝突焦點。

首先，台獨黨綱已不符合當前情勢。一九九一年台獨黨綱通過時，台灣尚未民主化，所以民進黨主張，經過公民投票，制定新憲法、建立台灣共和國。然而，歷經民主化後，台灣朝野與人民的共識是：台灣是中華民國、中華民國是台灣。當前要建立台灣共和國的正當性與必要性都非常低。

第二，台獨黨綱不符合台灣的國家利益。台獨黨綱讓大家誤認民進黨執政後要制定新憲法與建立台灣共和國，導致破壞兩岸和平現狀的疑慮。所以，陳前總統在二〇〇〇年就職時便向國際社會保證，他在任內「不會宣布獨立、不會更改國號」。蘇貞昌主席也說，現在最重要的就是建設國家，不是搞台獨。如果民進黨再度執政，可能又得向國際社會保證不會推動法理台獨。

第三，不僅沒有意願，民進黨也沒有能力推動法理台獨。陳前總統公開說，「法理台獨做不到就是做不到」。台灣只有不到一〇%的民意支持儘快獨立，八五%左右的民意支持維持台灣的現狀。而且，國會要修憲至少要四分之三以上的國會席次支持，而且需要公民投票通過，但是目前民進黨僅有三分之一的國會席次，離制定新憲法與修改新國號的實力還相當遙遠。

第四，就算民進黨有意願、也有能力推動制定新憲與建立台灣共和國，台灣便能躋身國際社會之林？與美國及日本建交？就能參與聯合國？更改國號或建立台灣共和國仍無法解決台灣主權的爭議與達成國際參與的效果，甚至將引發中國的武力反制與國際強權的抵制。事實上，台獨黨綱早已不符合台灣的國家利益，僅僅滿足部分人士對於台灣新國號的想像與國際困境的不滿情緒發洩。

第五，台獨黨綱是妨礙民進黨贏得執政權的關鍵因素。根據筆者在二〇一二年二月上旬參與的民調結果顯示，兩岸關係因素讓五・七五％的選民支持馬英九連任，特別是兩岸經濟因素讓四・二五％的選民支持馬英九連任。此外，二・八％的選民投票給蔡英文，但是他們卻擔心蔡英文當選會影響台灣的經濟。更何況，民進黨需要贏得六〇％的民意才能鞏固執政。

民進黨在「二〇一二大選檢討報告」明確指出，中國因素是二〇一二大選敗選的三大因素之一。因此該報告建議，民進黨「應該更具體展開『民進黨與中國』雙向的交流，擺脫反中、鎖國等錯誤的刻板印象」。蔡英文主席更指出，「要處理中國問題不是坐在家裡想要怎麼處理，要處理中國問題必需要了解中國，要了解中國必需要在互動中去瞭解……。」然而，台獨黨綱便是民共互動與互信的重要障礙。

隨著兩岸經濟交流的擴大與深化，愈來愈多的台灣人民希望維持兩岸關係的穩定與交流，但不是要放棄台灣的主權與價值。與其堅持台獨黨綱，民進黨的傳統支持者不如思考如何調整立場，既能堅守台灣主體性與價值，又能贏得選舉、落實政策主張，這樣才是更務實、更聰明的作法。民進黨必須在選舉前展現能力，讓人民相信民進黨可以捍衛台灣的主體性與價值，也能穩定與發展兩岸關係。

建議二：朝野簽署「國家前途民主決定公約」與推動在總統府之下成立兩岸和平發展委員會

目前台灣藍綠兩大政黨以統獨為區分，作為彼此政策訴求與政治動員的基礎。為了動員傳統支持者，藍綠陣營往往會將對方描繪成比較極端的統獨立場與政策，並且強調選舉結果將是國家前途的選擇。這樣的選舉過程不斷製造台灣社會對立與分歧，讓台灣陷入民主內戰而無法休止。事實上，藍綠兩大陣營的國家定位之「台灣共識」愈來愈清楚。

此外，兩岸要建立穩定的和平發展架構，便必須進行政治談判，前提便是要有國內共識。任何政黨執政，都必須建立國內共識，才有實力推動兩岸的和解，才能進行兩岸政治談判。台灣政府應建構藍綠都能接受的台灣共識，藉此團結藍綠、並終結國內統獨紛爭。為了避免內耗，藍綠主要政黨應當簽署「國家前途民主決定公約」，才能強化台灣在兩岸互動的共識與兩岸談判的籌碼。

進一步而言，要建立與強化朝野的兩岸政策共識與政治互信，朝野必須建構制度性的互動機制。在二〇〇四年初，陳水扁前總統曾建議在總統府成立兩岸和平發展委員會。為了執政準備與強化台灣人民的信任，民進黨應該推動成立兩岸和平發展委員會（和發會），建構朝野互動與互信的平台，有助於凝聚台灣國內共識及加速推動兩岸關係發展。

和發會應該透過立法方式在總統府成立，組成方式應該包括政府代表、政黨代表、企業與勞工、及社會賢達。讓朝野互動更具有法律保障的基礎及政治的互信。和發會可以研擬「兩岸和平發展綱領」，作為兩岸關係互動與發展的台灣內部基本共識，藉此終止國內的統獨爭議及強化台灣在兩岸談判的籌碼。

兩岸和發會之下可成立數個工作小組，包括兩岸對話與協商小組，涵蓋政治、軍事、經濟、科技、社會、文化、教育等議題；兩岸交流小組，涵蓋政府、政黨、社會、經濟、文化等議題；兩岸合作與監督小組，涵蓋各項兩岸協議的執行與監督。當然，這些小組應該由陸委會擔任幕僚的工作，其他部會支援，提供必要的情勢分析與討論議題資訊。

兩岸和發會不是要取代既有的兩岸政策決策體制，也不是要剝奪總統的兩岸決策權力，更不是要在野黨背書執政黨兩岸政策的平台。兩岸和發會應該作為朝野及產官學研互動與溝通的法制化平台，但不代表與會者的共識會大過於分歧，而是希望透過溝通與交流穩定凝聚朝野與社會共識。

因此，兩岸和發會的運作模式必須兼顧參與者的共識與分歧。每次兩岸和發會的召開都應該發布共同聲明或公報，明確呈現與會者共識與歧見內容，以及兩岸政策議題的立場。透過這樣的法制化機制，一方面逐步累積朝野互信與共識，強化台灣的兩岸互動籌碼；另一方面在全民見證之下，讓朝野政黨形成兩岸政策的良性競爭，逐步化解台灣的民主內戰。

目前民進黨作為在野黨，沒有面對大陸的直接壓力，但是現在不推動，執政後再推動和發會，朝野的對峙必然繼續惡化，民進黨勢必難以獲得國民黨的支持成立和發會。如果民進黨現在能展現誠意推動和發會，既可以參與兩岸政策與事務，同時也可以贏得台灣人民與國民黨的信任與支持。

建議三：推動「憲法各表」作為兩岸關係發展的兩岸共識

「憲法各表」是根據行政院前院長謝長廷的主張而來，其意涵為：兩岸存在兩部憲法、兩個憲政制度，彼此的憲法領土主張有重疊，中華民國憲法與憲政制度治理台灣、中華人民共和國憲法與憲政制度治理大陸。依據中華民國憲法與憲政制度，兩岸是管轄境內與境外的特殊關係，但是兩岸不是國內關係，而且對等分治與互不隸屬。這樣的兩岸政治定位既符合兩岸的現狀，具有台灣民意的支持，也是台灣憲法的規範，更是兩岸穩定互動的制度化基礎。

中華民國憲法兼具台灣主體性與模糊一中的概念，具有整合台灣內部共識與奠定兩岸互動基礎的雙重可能性，同時以中華民國憲法維持兩岸現狀應該可以被國際社會接受。中華民國憲法於一九四六年在中國大陸制定，憲法領土至今仍包含大陸與外蒙古，而且憲法增修條文存在「因應國家統一前之需要」之字眼，顯示中華民國為一個分裂國家，其憲法具有模糊一中的概念。

但是，中華民國憲法更具有台灣主體性，已經不是一九四六年的憲法了。憲法在一九九一年以後經過台灣人民進行七次修憲，中華民國憲法體現台灣人民的總意志，只能代表台灣人民的總意志，無法代表大陸人民的總意志。而且，從一九九二年以後，中華民國國會議員與總統皆由台灣人民選舉產生，執行台灣人民賦予的憲法權力，中華民國國家體制就是台灣的國家體制，中華民國與台灣已經合為一體。

由於中華民國憲法領土的模糊性與憲法體制的主體性可以兼顧大陸與台灣的需求，這可能是兩岸雖不滿意、但都可以接受的兩岸互動基礎。

建議四：以「民主中國」與「華人認同」搭建和平與發展的兩岸社會橋樑

兩岸的和解與和平必須建立在有效的兩岸社會和解基礎上。唯有大部分的兩岸人民都願意和解與合作，兩岸關係才能維持永久和平與繁榮。建議以「民主中國」與「華人認同」搭建和平發展的兩岸社會橋樑。

只要經過台灣人民同意，兩岸關係發展本來就不排除統一。然而，在「統一」前面加上「民主」，既可以符合台灣的根本價值與利益，也讓大陸對統一存有希望，更可以讓「統一」成為催化大陸民主化的積極力量。台灣只與大陸的民選政府談判民主和平統一的可能性。只要大陸實施民主，兩岸便可以組成民主和平統一委員會，商議兩岸民主和平統一的內涵與方式。大陸民主化既有利於大陸的經濟永續與社會和諧發展，也有利於兩岸統一，勢必獲得更多大陸人民的支持。

民主應該是決定兩岸關係的最高原則，也是超越統獨的台灣共識、高於統獨的台灣利益、也是化解統獨的唯一方法。兩岸關係的發展是開放的，統一與獨立不是對立的，只要透過民主的程序與和平的環境，最終結果（包括兩岸統一）是可以被台灣人民包容與接受的。[1] 如果大陸希望兩岸統一，請大陸以實際利益與文明價值說服台灣人民，過程必須是民主與和平的方式，結果應該是兩岸雙贏與繁榮。兩岸政府應該以兩岸人民幸福為出發點，也是終極目標，來務實思考與解決兩岸問題，而不是陷入統獨意識型態的泥淖當中。

促進大陸民主化才能提供兩岸問題解決的途徑，才能根本化解兩岸主權衝突的價值分歧。大陸民主化才有可能保障台灣的民主，同時才有可能以民主作為解決兩岸問題的途徑，創造兩岸民主和平統一為「民主中國」的可能性。基於此，台灣的民主對兩岸關係不再是衝突的焦點，可以轉化為兩岸關係發展的資產。台灣的民主是華人世界的珍貴資產，是數千年來唯一和民主結緣的經驗。雖然台灣的民主發展經驗未臻完美，但對同為華人社會的大陸，具有正面的示範意義與感染性。台灣對大陸的民主示範與觸媒作用是香港或其他國家無法取代的角色。

在推動「民主中國」的共同願景下，兩岸應該優先推動下列政策：

首先，為了連結兩岸互動的紐帶與搭建兩岸人民的情感橋樑，兩岸人民應該建構「華人」（cultural Chinese）與「華人社會」（cultural Chinese community）的認同，成為兩岸人民認同的公約數。台灣人、大陸人、中國人都是華人，以說明錯綜複雜的兩岸歷史、文化、血緣、語言與情感連結，推動兩岸全方位合作與互惠交流。

根據遠見民調，台灣人民的身分認同（可複選）以「台灣人」的認同最高，在過去五年大致維持在九六%；台灣人民的中國人認同比例顯著減少，從二〇〇八年的四六・六%減少到二〇一三年的四一・五%。然而，台灣人民的華人認同卻持續增加，從二〇〇八年的六七・三%增加到二〇一三年的六九・三%。也就是說，台灣人民不會排斥兩岸歷史、文化、血緣、語言與情感的華人認同，但卻排斥政治意涵的「中國人」認同。（見表一）

第二，兩岸共同推進善意和解工程，以合作互惠替代零和對抗：

（一）在沒有任何政治前提下，兩岸共同組成永續發展與共同繁榮委員會，以促進兩岸經濟與社會交流與合作。

（二）在沒有任何政治前提下，在兩岸共同參與的國際組織當

表一、台灣人民的身分認同：2008 ～ 2013

	台灣人	華人	中國人
2008/9	95.9	67.3	46.6
2013/3	96.7	69.3	41.5

資料來源：遠見民調，「2013年3月台灣民眾統獨觀調查」

中，兩岸組成國際合作委員會，推動兩岸在國際社會的互惠合作。兩岸可以先從亞太經濟合作會議、亞洲開發銀行、世界貿易組織分別組成國際合作委員會，開始推動試點合作互惠，進而逐漸擴及到其他國際組織，包括台灣未來加入的國際組織。

（三）在沒有任何政治前提下，兩岸應該啟動政治談判，將促進兩岸人權與民主發展合作列為優先的談判項目。

（四）只要大陸實施民主，兩岸便可以組成民主和平統一委員會，商議兩岸民主和平統一的內涵與方式。

1 陳水扁總統在二〇〇四年就職演說也是明確主張這樣的立場。

民進黨的
兩岸政策夾縫中求變

董立文

學經歷：

國立政治大學東亞研究所博士、前歐亞基金會副執行長（1995-2004）、前民進黨中國事務部主任（2005）、前陸委會諮詢委員（2005.2-2006.2）、前民主基金會副執行長（2006.7-2009.7）。

現職：

中央警察大學公共安全系副教授、新境界基金會中國政策委員會諮詢委員、台灣智庫諮詢委員、考試院國家文官學院講座。

專長：

中國大陸研究、兩岸關係研究、安全研究、國際政治研究。

最後一哩路與二〇一四對中政策檢討紀要

二〇一二年總統選舉結束後，民進黨似乎就背負「最後一哩路」的魔咒，儘管當時蔡英文主席講這句話的時候，不是指民進黨的兩岸政策是影響選舉的關鍵因素，但當民進黨敗選後，隔天國內部分媒體的頭條新聞以「九二共識通過人民公投」為標題，以及在國民黨與中共當局刻意的操作下，「最後一哩路＝接受九二共識＝民進黨敗選」這種刻板印象似乎就存在於很多人的心目中。

民進黨在二〇一二年總統選舉敗選檢討報告中，把失敗的主因歸之於民進黨尚未獲得台灣選民的足夠信任，但亦認為兩岸政策需要慎重處理。續任黨主席蘇貞昌上台後，持續蔡主席務實處理、交流溝通的兩岸政策路線，進一步的成立「中國事務委員會」與召開「華山會議」，延續二〇一二年的敗選檢討，希望尋求黨內共識來突破那「最後一哩路」。經過黨內各方人員的出席，與廣納社會各界專家學者及公民團體的多場會議討論後，結晶為「二〇一四對中政策檢討紀要」。

民進黨的「二〇一四對中政策檢討紀要」首先釐清了台灣人民偏好的政策優先順序是：確保主權、分配公平、和諧兩岸、順暢交流。其內涵有三：一是反映並捍衛台灣社會的主流價值，二是對兩岸交流展現務實但不宿命的自信態度，三則是正視兩岸公民社會的事實，並積極回應公民團體的訴求。這應該是民進黨對「最後一哩路」的最終答案，剩下的是如何找到方法與怎麼做的問題。

於是，民進黨在不犧牲核心價值的條件下，努力與北京尋求交集點。事實上台海的和平、穩定與繁榮是雙方共同的目標，問題在於雙方要不要擱置爭議、求同存異而已。目前的現狀是，北京要求民進黨先要如何如何，中共才可能如何如何，民進黨完全了解與尊重北京的立場與原則，但盼望北京能夠了解與尊重民進黨的立場與原則，最合理的狀況是雙方不預設前提進行對話與溝通，不要把自己的立場與原則強加於對方身上，才是有誠意與平等的溝通，就此而言，民進黨有足夠的耐心等待北京。

其次，民進黨在「二〇一四對中政策檢討紀要」中明白揭示，兩岸經貿交流的成果應由全民共享，政府應扮演「共同價值的守護者，不同利益的平衡者」，才能加大台灣面對自由化與外部衝擊的緩衝空間。民進黨主張服貿協議簽定必須符合民主及程序正義，兩岸的協議必須有立法監督，內容需符合公平競爭、對等開放、照顧人民生計、顧及國家安全。

事實上，蔡英文主席一上台，在二〇〇八年八月就提出了「兩岸訂定協議監督條例草案」，條文共計十六條送交立法院。二〇〇八年迄二〇一四年三月，民進黨在立院程序委員會提案卻遭到國民黨封殺一百零八次。

蔡英文回任與民、共互動

二〇一四年三月十八日台灣爆發三一八學運（太陽花學運），全台擴散，超過五十萬人站在總統府前，甚至，太陽花學運發展到全世界十七個國家、四十九個城市，台灣留學生自主發起全球大串聯活動。這一場學運不僅是反服貿或反兩岸路線，還是過去幾年民怨累積的總算帳。兩岸黑箱、貧富差距、經濟疲弱、失業率等問題，統合成為一場反馬、反政府的社會運動。太陽花學運同樣對民進黨造成衝擊，學運本身出現，就說明了反對黨未能有效監督執政黨的兩岸政策，才會使學生與公民團體占領議場與走上接頭，因此，太陽花學運對民進黨的直接影響，就是在它的兩岸政策必須更能回應整體台灣社會的訴求與平衡。

在太陽花學運的背景下，蔡英文重新回任民進黨主席，主張要建構兩岸穩定關係就必須建構合理的談判過程，最好的方法是在談判時，行政權與立法權共同行使，不僅對外談判有效，對兩岸關係也是正向的。在兩岸關係上，維持和平穩定是重要的責任，在維持和平穩定中，要把兩岸交往從注重量提升到優質兩岸關係與兩岸交流，同時也必須要凝聚最大共識，讓兩岸交流回歸民主化與透明化，不再被特定政商人士壟斷。蔡強調，兩岸經濟必須從以前個別的商業利益導向到整體國家經濟利益的兩岸關係。基本上，蔡主席沒有藉太陽花學運而來反中與反商，相反的，她強調的是建構兩岸穩定關係與優質兩岸關係和兩岸交流。

二〇一四年六月，從未訪問過中國大陸的民進黨籍台南市長賴清德初訪上海，他表示民進黨新修正的「對中政策檢討紀要」，鼓勵黨員尤其是縣市長要積極自信交流。他在上海表示：民進黨在一九九九年通過台灣前途決議文，就是尊重二千三百萬人民決定；固然台獨是民進黨主張，但程序上尊重台灣人民的決定，這是社會極大共識。他認為，凍結台獨黨綱沒法解決台獨的主張，「究竟台灣社會是先有民進黨，才有台灣獨立主張？還是先有台灣獨立主張，才有民進黨？」如果不瞭解清楚，去處理台獨黨綱，沒辦法解決問題。民進黨若像過去一樣先處理彼此不同的地方，可能仍是一籌莫展，現在應求同存異往前看，讓兩岸聽到不同聲音；有機會充分溝通，經由瞭解，然後相互理解、諒解、達到和解，才是兩岸交流最終目標。

恐怕這是第一次在中國大陸，民進黨與中共方面公開的談論台獨問題，而且雙方的態度真誠友善，沒有以往雙方一談到台獨就劍拔弩張的狀況產生。隨後國台辦記者會發言人應詢表示：「我們對台灣同胞一視同仁，無論是誰，不管他以前有過什麼主張，只要現在贊成、支援和參與兩岸關係和平發展，我們都歡迎。我們對民進黨的政策是明確的、一貫的。我們反對『台獨』分裂圖謀的立場是堅定的、不可動搖的」。可以把中共所表達的訊息理解為：雙方不談過去只談未來、不談歷史積怨只談開創未來。

賴清德到訪上海，不但與上海市長楊雄會面，並且赴復旦大學與師生座談而有精彩的對話。

這些跡象顯示，民進黨與中共的關係正走在和解的道路上。民進黨的轉變是有脈絡可循，但中共的轉變則令人訝異，折射出北京的對台策略嘗試調整。賴清德帶給中共三項重大訊息，一是台獨固然是民進黨的主張，但民進黨尊重台灣人民的決定；二是民進黨「棄獨」或「凍獨」並不能解決問題，因為是先有台獨主張之後才有民進黨；三是民進黨尋求與中共相互瞭解、理解、諒解與和解。

隨後，國台辦主任張志軍來台訪問，蔡英文主動釋出善意說：如果國台辦主任張志軍能來台訪問，只要不設前提她可以和張志軍在民進黨中央會面。蔡英文對中共發出的明確訊號是，如果張志軍來台，民進黨不會像之前對待陳雲林的模式，不會「逢中必反」而會以禮相待。因此，張志軍第一次來台訪問基本上是圓滿順利的，尤其成功的在高雄與市長陳菊的會談，顯示，民、共之間的確可以坐下相互溝通相互交流。

二〇一四年九月後，民、共關係又陷入低潮，首先是蔡英文主席部分講話的內容，被北京刻意當作是雙方「敵對」的證據，於是，中共對民進黨改持高壓與批判的態度，北京有代表性學者聲稱，民進黨要檢討與調整三種怪論：一是天然成分論；二是絕不改變論；三是中國靠攏論。結論是：這些頑固且荒謬的論調勢必會嚴重衝擊和威脅台海地區的和平穩定與發展，也是兩岸關係發展不明朗的重要根源。

其次，九月底習近平在接見「台灣和平統一團體聯合參訪團」的講話，直接談「一國兩制」

統一方案，並畫下統一紅線，重提二〇〇九年「胡六點」中的「兩岸復歸統一，是結束政治對立，不是領土和主權再造」，意即排除聯邦或邦聯制，是中華人民共和國的統一。這代表習近平定調中共對台政策的主軸就是統一。這個講話造成台灣一片嘩然，當然民、共之間更難溝通。簡言之，習近平的一國兩制統一論，讓國民黨的「九二共識」成為廢紙，讓民進黨更加無法與共產黨對話。

九月二十九日，香港學生無預警的走上街頭要求真民主，反對假普選，占中三子宣布占中運動提前開始，香港的占中運動直接衝擊到中共或是說習近平的對台政策，意即兩岸一家親、兩岸一家人等的溫情統戰訴求一夕崩解。台灣人民對中共的印象跌落谷底，深化台灣人民對中共的疑慮與不信任感。一國兩制在台灣的支持度應創新低，也使統派政黨在台灣年底九合一大選中，不敢高喊中國統一的訴求。另一方面，民、共關係暗潮洶湧，從去年開始，中共就把「占中」、「港獨」、「台獨」等同起來，成為新一種「三合一敵人」。

此外，馬英九的雙十講話又引發中共強烈的反應，十月十五日國台辦主持的新聞發布會，十分罕見的在十多條問答中有多條是在批評台灣。表明了大陸「堅決反對的態度」，大陸有些媒體報導的標題是：「北京斥責馬英九，別對占中事件說三道四」。

整體而言，香港占中運動促使馬政府與民進黨在兩岸關係上出現難得的共識，藍、綠都支持占中運動，都認為中國應把握機會進行憲政民主改革，如此，使反占中的聲音在台灣幾乎沒有存在的空間。其次，占中運動也讓香港與台灣社會第一次站在同一陣線面對中共，讓港台的年輕人首次有共同的街頭經驗與民主想像。

民、共交流的省思

自從二〇〇八年政黨輪替後，中共對民進黨設下唯一的標準，即「廢除或凍結台獨黨綱」作為兩黨正式交往的前提，過去六年來，無論蔡英文、蘇貞昌或謝長廷在兩岸政策上做出什麼樣的改變與調整，中共全都視而不見，例如批判蔡英文的「十年政綱」、無法接受「憲法共識」、對「二〇一四對中政策檢討紀要」大表不滿等。

在這種狀況下，民進黨很容易產生一個基本的判斷，即無論民進黨做什麼調整，北京在關鍵時刻還是會支持國民黨，因為中共對民進黨的態度是既仇視又強硬，仇視來自於歷史的累積，強硬來自於環境、條件與策略的考慮，結論是中共並不想要與不需要跟民進黨交往與談判，中共對民進黨的私下接觸，目的在統戰與轉化民進黨。

太陽花學運後，中共對民進黨的態度有些轉變，北京官方不但沒有簡單的把太陽花學運視為台獨而歸咎於民進黨之外，還把學運的部分訴求轉納為政策，此即照顧弱勢群體與重視青少年。而對民進黨主席蔡英文上任之後多次的對兩岸關係發言，中共官方亦保持克制低調的態度不予評論。在這種情況下，賴清德的去訪與受到的禮遇，就證明民、共雙方正在禮尚往來，製造友好的氣氛。

可惜的是，民、共雙方互相釋放善意的氣氛，還是沒能持續下來，也許這是受到台灣與大陸各自內部政治情勢的影響，台灣已進入年底九合一選舉的重要時刻，大陸則面臨「中國夢」實現的關鍵時刻，更重要的是，突發的香港占中運動讓台灣人民更加不信任中共，進而拉遠了兩岸關係，在內部考慮優先的思考下，不但民、共關係受到衝擊，連國、共關係都受到打擊。

無疑的，「今日香港、明日台灣」是台灣高度關注香港的出發點，其背後的意涵是，北京如何對待香港將會影響台灣對兩岸關係未來走向的選擇，事實上，北京如何處理香港問題，也會成為世界各國如何詮釋中共的註腳。這也證明兩岸關係是受國際因素；台灣與大陸各自內部的政治、經濟、社會、文化等發展；兩岸的官方與民間的互動；台灣與大陸各自的民族主義認同這四大因素的影響，任何一方的政策制定都要考慮這個結構。

應該看到，民、共雙方的立場相反，但挑戰是相同的，政策的調整都要兼顧四個方面的平衡，第一是兩岸關係發展與國家整體利益的平衡；第二，兼顧政策穩定一貫與求新求變的平衡；第三，兼顧突破僵局與維持現狀的平衡；第四，兼顧中國崛起與美國重返亞洲的平衡。

台灣九合一選舉後政局的發展

二〇一四年十一月二十九日，台灣九合一選舉結果出爐，國民黨執政版圖從原來的四都十一縣市，掉到只剩一都五縣，失去台北市、台中市、基隆市、桃園市、新竹市、彰化縣、嘉義市及澎湖縣，台灣西半部大安溪以南只剩下南投縣仍由國民黨執政。最具指標性的台北市由與民進黨結盟的無黨籍參選人柯文哲拿下，贏國民黨推出之連勝文二十三萬票之多。

國際媒體普遍認為國民黨慘敗的原因，是源於馬政府的親中政策或是台灣選民對兩岸關係的發展抱有疑慮。然而，北京認為不該怪罪兩岸關係，不代表中共對台政策失敗。儘管選後中共官方初步的反應是：「兩岸關係已走上和平發展軌道，已成為任何政黨、任何勢力都無法阻擋和逆轉的歷史潮流」，但是，民進黨在多數縣市執政與柯文哲贏得台北市的事實，無論如何都會衝擊到過去以國共關係為基礎所建構出來的兩岸交流合作關係。

這場九合一選舉最引人注目的不是國民黨與民進黨的對決，反而是首都台北市無黨籍的柯文哲與國民黨榮譽主席連戰之子連勝文的競爭。原本地方選舉不涉及兩岸關係，但是，柯文哲與連勝文的辯論卻切入了兩岸問題與國家尊嚴。柯文哲說：「中華民國是我的底限，你們到習近平面前敢說出中華民國四個字嗎？你們不過只是兩岸的買辦而已，你們對中華民國沒有付出，只是操弄而已」；「我選的就是中華民國的首都市長，希望不僅在台灣或中國，都要大聲說出中華民國」，這段話不僅揭開馬政府不願面對的事實，還深刻影響到台灣人民對兩岸關係的認知。

選前，似乎中共對柯文哲抱持高度疑慮的態度，認為「在野大聯盟」只是騙人的招牌，柯文哲個人立場是綠的，當柯文哲說：「不曉得『九二共識』是什麼」，上海涉台學者公開則表示，沒有「九二共識」，台北與上海的城市交流基礎很難開展。

選後，中共檢討後的結論是，國民黨不可靠，民進黨不可信，柯文哲不可知，台灣統派力量薄弱。中共的因應策略主要是，維持與國民黨的合作關係，但強化北京的主導性，深化中共對台政策與宣傳的入島入戶入心。繼續做深、做細「三中一青」工作，繼續扶植、壯大台灣統派力量。

從民共關係而言，民進黨在勝選後的第一時間，就謹慎處理兩岸關係的議題，此即民進黨祕書長吳釗燮在美國所說的，此次選舉結果不代表選民對兩岸關係的公投。其次，民進黨中央無意藉由勝選而過早定調，延後處理兩岸政策，意味著給民進黨自己與中共更多的迴旋與考慮的空間。過去中共內部的確有對民進黨要有新思維與新創見的建議，也許時間可以讓這類意見有更多成熟的空間。

選舉結束後，中共官方與媒體對民進黨與柯文哲的勝選是保持低調的，中共方面基本確認蔡英文已鞏固綠營共主地位，二〇一六年就是蔡英文代表民進黨競選總統。普遍判斷民進黨不會調整其兩岸政策基本立場，但會靈活處理某些具體個案。中共關切的是，一些原本國民黨執政的縣市在和大陸城市之間的合作交流關係要如何維持下去。

二〇一四年十二月四日，中共取消由上海新聞辦主任朱雷率領的上海新聞媒體訪問團的台北行程。十二月十日桃園和重慶間的首屆「桃渝大都會論壇」，原訂十二月二十日在桃園舉行，大陸國台辦基於「對民進黨的一些政策還是不太了解」，遂要求重慶台辦取消活動。中共已經採取具體行動對柯文哲與民進黨示警。

相對的，高雄市長陳菊公開表示，大陸要跟台灣社會包括不同政黨交流互動，彼此增加了解，這對未來發展是非常重要的正向力量。台南市長賴清德則認為，過去不論是高高屏或雲嘉南地區的縣市，與對岸都已建立農特產品推廣運銷平台，今後也會依照過去模式繼續推動。桃園市長鄭文燦首次表達兩岸城市交流不會停止。而台中市長林佳龍更宣布要積極推動台中市與大陸的城市交流。民進黨縣市長的表態與黨中央是一致的，即鼓勵黨員尤其是縣市長要積極自信交流。

展望未來一年，民、共交流關係在黨中央層次還會停在互相測試與摸索的階段，但在縣市層級交流與合作則會曲折前進。問題的重點在於：假如九合一選後中共的對台政策取向，跟過去一樣，還是想直接緊抓台灣的大企業與「三中一青」，以政商關係扶植統派、綁架國民黨及封殺民進黨。那麼，未來兩岸關係的走向就無樂觀的可能。

兩岸政策夾縫求變

從過去一年來的變化來看，未來民進黨兩岸政策的挑戰仍是巨大的，可以做的事情還有很多，雖然民進黨無法主導兩岸關係，但是已經有能力更迅速更有效的回應兩岸關係的變化與衝擊。首先，未來對民進黨立即的挑戰，不是在如何推進兩岸關係，而是在如何有效整合台灣民意，讓兩岸關係健康的走下去。尤其是過去被國民黨排斥或忽視的那一部分民意，意即公民團體與學生運動的意見與主張，以及香港占中運動對台灣民心的衝擊。民主政治對政黨的基本要求，是政黨能不能迅速的調整政見，謙卑的回應民意；高傲的作之父、作之師想去改造民意或忽視民意，都會被人民拋棄。

其次，過去七年來兩岸關係的發展，具有可觀的成果，但也有不少的弊端，兩岸已經簽定的二十一項協議，的確象徵台海的和平穩定，但是，協議簽定過程中的黑箱過程或草率疏漏、分配不平均甚至是壟斷、誇大不實或口惠實不至的效果、不執行或執行不力的事實、不對等或不對稱的衝擊效應等，都受到台灣人民的關注與擔憂。顯然，台灣民意的主流是希望：兩岸開放不能傷害台灣的民主自由，兩岸協議與政策宣言要能實事求是說到做到，兩岸積極開放與內部管理配套要能兼顧並行。簡言之，兩岸交流要符合公平競爭、對等開放、照顧人民生計與顧及國家安全。

再者，「逢中必反」、「逢中必硬」不受台灣民意的歡迎；然而，「逢中必軟」、「逢中必退」也被台灣人民所唾棄。於是，如何不亢不卑與北京打交道，就變成民進黨必修的功課。而「從中國走向世界」得依靠中國的善意，「從世界走向中國」得靠自己努力，但二者互不排斥，問題的核心是，如何讓台灣走出去。此處對民進黨的最大挑戰，不是民、共如何達到共識，而是民、國如何達成共識，意即台灣共識如何完成？

最後，台海和平穩定關係著東亞的和平穩定，兩岸關係與國際關係是緊密連動的。過去一年東亞局勢複雜多變，東亞的政治、經濟、文化與安全關係均有劇烈震盪，美、中關係峰迴路轉，日、中關係詭譎險惡，台灣如何在變動中的東亞安身立命甚至奮力向上，直接牽涉到民進黨兩岸政策如何定位與調整，而其前提是，民進黨如何有效的與國際進行社會溝通與獲得相互信任？

因此，在這麼多條條框框限制下，民進黨的兩岸政策調整，可謂夾縫求變。當然，民進黨兩岸政策調整的最後目標是與北京取得共識，但也要看到，這個過程是先易後難與循序漸進的發展，急不得也強求不得，只能微風細雨、水到渠成。

民進黨
兩岸政策中的美國因素

劉世忠

於美國哥倫比亞大學取得政治學碩士學位，也於該系博士班研究。曾擔任新台灣國策智庫執行長、民主進步黨國際事務部主任、美國華府智庫布魯金斯研究院東北亞政策研究中心訪問學人、行政院大陸委員會諮詢委員、前總統陳水扁外交與選戰幕僚、外交部研究設計委員會副主任委員，也是中英文雜誌報紙政治評論家。研究重心在台灣政治選舉、外交關係、兩岸關係、台美關係、亞太政經安全情勢等。

著作有《歷史的糾結：台美關係的戰略合作與分歧（2000～2008）》與《民主鞏固：政權輪替的國家安全挑戰》。

長久以來，兩岸關係與台灣對外關係息息相關，從來不能作為孤立於兩岸之間的單獨課題，因此研究兩岸關係必須同時關照內部環境、外部環境、領導者對環境的認知，以及領導者與其團隊（或官僚體制）互動等四個層面，才能做出相對平衡的決策，確保決策品質與決策環境的穩定，這也符合國際政治理論中「決策理論」的觀點。[1]不容否認地，美國因素在民進黨對中政策演進過程中扮演舉足輕重的角色，而歷任民進黨領導人與華府關係的互動也深深影響台灣內部政治、選舉結果、對外關係與兩岸關係的發展。

有鑑於二〇一四年十一月二十九日台灣九合一地方選舉結果讓民進黨於二〇一六年重新執政的機會大增，筆者於個人過去研究民進黨對美外交的成果基礎上，[2]延伸檢視過去二十年來民進黨與美國互動的歷史，嘗試耙梳雙方關係之演變，剖析造成此一關係起伏的不同層面原因，進而提出民進黨於重新執政前應該釐清的對美外交戰略，俾於執政之後能增進雙方「戰略合作」（strategic convergence）、而非惡化「戰略分歧」（strategic divergence），確保台美互信的鞏固以及雙邊關係的深化。

民進黨對美外交五階段演變

從「典範變遷」（paradigm change）[3]的演進角度加以檢視，民進黨對美關係大致可區分為五個階段：第一階段是二〇〇〇年以前，第二階段是二〇〇〇年至二〇〇八年的陳水扁執政期間，第三階段是民進黨二次在野至蔡英文代表民進黨參選二〇一二年總統大選之間，第四階段是二〇一二年夏天至二〇一四年五月蘇貞昌擔任民進黨黨主席任內，[4]第五階段始自二〇一四年五月底蔡英文回任民進黨黨主席迄今。

二〇〇〇年首次執政前的相互摸索期

民進黨在台灣民主化開展與轉型過程扮演催生角色，也從草根民主運動轉變角色成為體制內的政黨競爭者。一九九六年台灣首次總統直選，中國以飛彈演習對台文攻武嚇，美國柯林頓政府派遣航空母艦戰鬥群於台海周邊監視，李登輝順利當選。但美中「交往政策」（engagement policy）也於柯林頓第二任任內逐漸浮現，一九九八年柯林頓訪中，於上海宣布「三不」政策，包括不支持台獨、不支持一中一台或兩個中國、不支持台灣加入具有國家主權性質的國際組織。一九九九年李登輝發表兩岸「特殊國與國關係」理論，引發美方憂慮。民進黨為減少統獨議題對二〇〇〇年總統選情影響，也由陳水扁主導民進黨全代會「一九九九年台灣前途決議文」，嘗試找出民進黨對中政策的「新中間路線」，一九九七年民進黨於華府成立駐美代表處作為溝通管道之一，此一路徑演變，開啟華府對民進黨外交與兩岸政策的重視與互動。

二〇〇〇年陳水扁當選總統，實現台灣首次政權輪替，也啟動柯林頓政府與民進黨扁政府的摸索期。受到選前中國對台文攻武嚇的變數影響，陳水扁於當選前即向華府承諾「三不」，五二〇就職演說也宣示「四不一沒有」，安撫華府為當務之急。

此階段民進黨與陳水扁對美國的主要「戰略認知」包括：需要華府對新政權和台灣民主轉型的支持、確保台灣首次政權輪替過程的穩定、防止中國對台做出外交與軍事之立即威脅，釋放和解橄欖枝嘗試爭取北京的善意回應。

華府對民進黨新政府的主要「戰略認知」包括：立即且完全給予台灣首次政權輪替支持、防止中國對台灣新政府過度反應引發台海危機、監督陳水扁遵守選前與選後對美國的承諾、努力建立對民進黨總統及其團隊的思維與互動模式。民進黨與美國的關係在摸著石頭過河的情況下展開。

二〇〇〇年至二〇〇八年的戰略合作與分歧交替期

二〇〇〇年至二〇〇八年之間，民進黨政府與美國的關係留下一段糾結的歷史。影響這段過程「認知差異」的主要原因包括：雙方政府對台海現狀定義的拉鋸、民進黨對台灣主體意識與認同的捍衛、陳水扁對兩岸和解與碰撞的嘗試、北京面臨領導人權力交接對台政策的僵化性、小布希政府上任之初定義美中關係為「戰略競爭者」，但九一一事件後愈發調整為美中「競爭又合作」的夥伴關係，如此種種變化造成雙方領導人對彼此戰略利益認知歧異擴大，也因此產生「戰略合作與戰略分歧」交錯的歷史。

民進黨執政時期對美外交並非毫無作為，戰略合作的主要成就包括配合華府發動全球反恐行動、支援阿富汗戰後重建、支持小布希催生的「全球民主社群」（Community of democracies），仍至於台美「貿易投資架構」（TIFA）達成若干目標等，華府也給予台灣適時國際組織參與的支持。對美軍購則受制於泛藍陣營在國會的非理性杯葛遲遲未能通過殊為可惜，也影響台美關係。

在戰略分歧面，由於當陳水扁於不同時期推動諸如一邊一國、防禦性公投、終統與入聯公投等觸動華府敏感神經的國內議程時，雙方核心幕僚縱使有所溝通，但意外連連造成信任感的流失，也讓民進黨與美國關係惡化。總結此階段台美關係認知歧異的來源包括：華府忽略「四不一沒有」的前提是「只要中國無意以武力犯台」、台灣面對中國崛起與美中關係逐步升溫下出現的「安全困境」（security dilemma）、雙方對台海現狀與台灣主權的定義不同、陳水扁追求個人國內政治議程與決策風格的不一致性、民進黨政府錯誤解讀美國官員談話，置美國友台官員於尷尬之情境，以及民進黨對全球戰略環境與美國外交戰略認知之差異。

二〇〇八年至二〇一二年的雙方角力期

二〇〇八年民進黨二度在野，「非典型」的蔡英文承擔黨內振衰起蔽的艱困責任，對美關係更是面臨「後扁」時代持續的劣勢，對美外交資源也嚴重不足。華府對馬英九上任後兩岸局勢穩定相對放心，隨後上任的民主黨歐巴馬政府急於改善與北京關係。蔡英文接任主席兩年內兩度訪美，在華府普遍對馬英九首任任內處理兩岸關係的滿意氛圍中，辛苦說明民進黨在兩岸關係的立場，包括為何民進黨反對馬政府與北京洽簽《兩岸經濟合作架構協議》（ECFA）。

二〇一一年六月，蔡英文獲得民進黨總統候選人提名，同年八月通過《十年政綱》，中國政策政見主張必須先連結國際再與中國交往，強化與美國、日本甚至印度等國家之關係。歐巴馬首任後半期也調整外交戰略，強調亞太「再平衡」，惟華府對於民進黨對中政策的模糊仍持高度不安。北京也嘗試透過華府向蔡英文施壓，希望蔡英文能於《十年政綱》有關對中政策上接受某種程度的「一個中國框架」，但未能如願。

同年九月蔡英文以民進黨總統候選人身分訪問華府，會晤歐巴馬政府國務院、國防部與國安會亞太事務官員。馬英九則先行一步派遣核心選戰幕僚金溥聰訪美。就在蔡英文結束華府行程，歐巴馬政府國安會高層官員逕自透過媒體放話表達對蔡英文的不信任。這篇於九月十五日《金融時報》引述不具名歐巴馬資深官員的報導指出，台海穩定對美國非常重要，蔡英文訪問華府引起美國對台海穩定的關切，「她（蔡英文）讓我們明確懷疑她是否有意願，且有能力，維持近年來區域所享有的兩岸關係穩定。」儘管民進黨事後要求美方出面澄清，白宮也保證不干預台灣選舉，但華府於選戰末期明顯釋出有利馬英九陣營的政策利多卻是不爭事實。

此階段美方對蔡英文和民進黨的「認知質疑」包括：若當選是否延續國民黨政府簽署的兩岸協議或僅重新檢視其執行成果加以適當調整？是否接受馬英九以「一中各表」的「九二共識」作為當選後延續兩岸互動的政治基礎？若不接受，替代性方案為何？又若蔡英文無法提出替代性方案來確保兩岸關係不致因為民進黨勝選而生變，那蔡英文能否向歐巴馬政府提出明確的「戰略再保證」（strategic reassurances）？顯然該此華府之行，蔡英文並未給予歐巴馬政府明確的答案。

民進黨對美外交主其事者經驗豐富，與美國國務院亞太事務高層官員亦有直接溝通管道，理應能夠建立雙方共同的戰略認知與合作。然而卻發生歐巴馬政府部分官員透過《金融時報》放話中傷蔡英文情事，實屬遺憾。美方此舉固然不當，但蔡陣營低估華府對民進黨對中政策的不安亦屬事實。過去歷史顯示，華府雖再三強調不介入台灣總統選舉，但美國透過政治力影響台灣大選選民投票行為絕非首例。二〇〇〇年選前要求陳水扁承諾「四不一沒有」中的「三不」；二〇〇三年小布希當著中國總理溫家寶面前批評台灣領導人；二〇〇八年華府要求民進黨總統候選人謝長廷與陳水扁推動「入聯公投」切割；二〇一一年美國再次間接出手傷害蔡英文選情，反映出部分美國政府官員與學者對於民進黨的長期不信任，也曝露民進黨在處理美方壓力時的弱點。

陳水扁執政期間，華府對民進黨領導人的認知是動輒操弄國內政治與選舉、製造兩岸緊張、陷華府於不得不介入施壓的尷尬困境。二〇〇八年到二〇一二年總統大選前，民進黨並未製造任何意外，但華府滿意馬英九首任兩岸關係穩定局面，又無法滿足蔡英文對中政策的模糊不清態度，造成華府再次出手打擊民進黨選情。究其原因，民進黨領導者誤判華府的敵意為主因，對美工作的「團隊」與資源不夠充分，以及對美工作的「面向」與對象不夠廣泛亦是民進黨對美外交工作最大致命傷。

二〇一二年至二〇一四年民進黨對美關係重建期

二〇一二年一月台灣總統大選馬英九連任成功，二月蔡英文辭去黨主席，民進黨對美關係陷入低潮，高層對話管道幾近關閉。五月底，蘇貞昌二度出任民進黨主席，美國隨後舉行總統大選，中國也進行領導人接班與外交團隊重組，加上包括北韓、日本、南韓陸續產生新的領導人，東海與南海領土主權爭端屢見緊張，美中關係也於歐巴馬政府「亞太再平衡」戰略逐漸成型而屢現對立，民進黨與美國的關係在沒有大選周期干擾的情況下邁入重建期。

為凝聚黨內對中政策共識，並化解國際疑慮，蘇貞昌成立中國事務委員會，也進行國防政策藍皮書的討論與撰寫。二〇一三年六月，蘇貞昌訪問華府向歐巴馬政府高層官員說明中國事務委員會討論的狀況以及民進黨強化台灣國防自衛能力的新願景，表明民進黨支持加入美國主導的跨太平洋戰略經濟夥伴關係協議（TPP）。民進黨也透過募款正式恢復關閉許久的駐美代表處，展現強化對美全方位外交的具體行動。華府歷經上次總統大選與民進黨的紛爭，亦有意重塑與民進黨的互信。

二〇一四年一月，民進黨中國事務委員會提出「對中政策檢討紀要報告」，提出若干具體務實作法。惟華府對於蘇貞昌任內仍未能明確提出民進黨新的中國政策略感失望。

同一時期，三年前馬政府與對岸簽訂《兩岸經濟合作架構協議》的成果並未給多數台灣民眾帶來明顯利益，反而淪為少數權貴買辦壟斷。二〇一三年六月馬政府與對岸簽署《兩岸服務貿易協議》，二〇一四年春天馬政府欲於立法院強行通過此協議，引發太陽花學運，凸顯台灣廣大民意對於馬政府協商兩岸爭議性協議速度與範圍的質疑，以太陽花運動為首的公民團體更直指馬政府協商過程的不透明性，要求立法院先行制訂兩岸協議監督條例。

太陽花運動引爆兩岸關係進入深水區的地雷，也讓華府與北京審慎評估其效應，咸認對兩岸關係進一步發展造成影響，也讓兩岸關係進入盤整期。五月底蔡英文重掌民進黨主席一職，面臨的正是內部地方選舉在即以及外部情勢劇烈變動、交相衝擊的複雜政策情境。

民進黨地方選舉大勝後的對美關係

有鑑於馬英九的國內支持度每況愈下，民進黨聲勢穩定成長，二〇一二大選時交手的不愉快經驗，讓重掌民進黨的蔡英文與華府皆慎重面對未來關係的經營。蔡英文在國防藍皮書等政策面以及駐美代表人選方面延續蘇貞昌作法，讓華府略感安心。由於十一月底九合一地方選舉在即，蔡英文新團隊優先任務在於確保勝選，八月中旬蔡英文派遣核心幕僚先行訪美恢復對話互信，亦與美國在台協會台北辦事處密切互動，惟蔡英文在黨內的對中政策上並未有明確討論進展。華府一方面持續觀察「後太陽花時代」台灣藍綠政治勢力的變化，也關注台灣地方選舉結果對於二〇一六年總統與立委大選的可能影響。

若二〇一四年春天的太陽花公民運動是台灣社會對馬英九政府過快推動兩岸關係進展的抗議高潮，夏天發生的台灣陸委會前副主委張顯耀涉及洩密事件，則加深台灣民眾對馬政府在兩岸協商上不透明性的感受。秋天香港發生占中運動，挑戰北京「一國兩制」制度，中國國家主席習近平處理占中運動的態度與方式也讓台灣民眾對「一國兩制」更為反對。冬天發生的頂新油品醜聞則進一步深化台灣民眾對部分台商的反感。上述攸關兩岸關係的發展，加上馬政府執政讓多數民心失望，造就十一月二十九日國民黨在台灣九合一地方選舉的慘敗與民進黨較預期中更大的勝選。此次地方選舉與二〇一二年大選最大不同在於，國民黨陣營打出統獨族群牌、經濟威嚇牌和兩岸紅頂商人牌皆失靈。

九合一選舉讓國民黨遭受比預期更大的挫敗，馬英九辭去國民黨黨主席職位，黨內接班戰役暗潮洶湧，就連最有實力角逐二〇一六年總統大選的新北市長朱立倫都僅僅慘勝，決定參選國民黨黨主席，並宣布棄選二〇一六。民進黨大勝，蔡英文獲得二〇一五年總統大選提名機會大增，也讓如何因應對美與對中關係，成為蔡英文和民進黨必須克服的挑戰。

因此，全面且務實地分析影響二〇一五年台灣內、外部政策環境，繼而提出因應戰略，構成民進黨的當務之急。

二〇一五年國內外政策環境與政策建議

北京初步定調九合一選舉結果不影響兩岸關係，但北京無心再與跛腳的馬英九打交道亦是不爭事實。民進黨對選舉結果的回應也是謹慎而務實，駐美代表吳釗燮第一時間向美方表明「不應當將此次選舉看作是中國的失敗，也不是一次對國民黨兩岸政策的公投」。[5]民進黨明顯試圖淡化地方選舉結果對兩岸關係的衝擊，避免北京誤判，預留未來與對岸的互動與對話，也爭取美方的信任。

由於民進黨地方選舉大勝增加二〇一六年重新執政的機會，民進黨如何解讀此次勝選結果，自然牽動北京與華府後續的反應。歷史殷鑑不遠，任何錯誤或混淆的訊息皆可能造成另一造的誤判，對於曾經與華府有過交手不順利經驗的蔡英文體會更加深刻。特別今年七月蔡英文曾說過「只要能打贏年底九合一選舉，中國會自動朝民進黨方向調整；而且，只要中國調整，美國就沒什麼好講的了」。[6]此一發言在當時曾引發北京反駁與華府不解。蔡英文事後立即透過管道向華府說明澄清，表示此說法係期待北京能夠務實解讀台灣民意的轉變。[7]十一月二十九日地方選舉民進黨大勝後，蔡英文也立即派遣民進黨駐美代表吳釗燮赴美說明，避免影響日後民進黨與中國關係的改善。這些皆是防止誤判的正確動作，因為回顧歷史，縱使台灣選舉應由台灣人民自己透過民主選票決定，不應受外力干擾，但美國與中國從未於台灣總統大選保持沈默，皆曾直接或間接出手影響台灣選情。

是以，民進黨期待能與華府建構更信任的關係，讓歐巴馬政府於二〇一六年台大選保持中立不介入，首先必須針對二〇一五年影響兩岸關係的政策環境與戰略認知進行再評估，再採取適當行動。以下是具體政策建議：

一、國民黨敗選，馬英九正式跛腳，兩岸政治談判或政治性議題的協商機會大幅減少，兩岸關係將面臨一段時間的盤整期。如何有效說服華府此一事實，而非任由北京透過華府施壓民進黨接受「九二共識」或是「一中框架」是重要思考點。畢竟習近平尚未出牌，而美中關係於二〇一四年十一月歐巴馬訪問北京時簽署包括氣候變遷合作、科技資訊交流、軍事互信強化與延長簽證居留四大實質重大協議後，關係進一步鞏固。二〇一五年習近平回訪華府適逢台灣總統大選熱季，屆時將是考驗民進黨抵抗華府壓力的關鍵時刻。

二、馬英九剩餘任期，服貿與貨貿協議在台灣立法院通過的可能性極低。民進黨立場雖不反對服貿，但也接受公民團體訴求，先制訂兩岸協議監督條例才能審查服貿協議，因此攸關兩岸互動制度化相關的法案，如兩岸協議監督條例與兩岸互設辦事處條例能否進一步討論甚至通過，構成民進黨向華府展現兩岸關係建制化的務實態度，俾去除華府對其「逢中必反」的既定印象。民進黨的挑戰是如何堅守底線，同時做好與相關公民團體的溝通。

三、縱使多數民意對於現階段馬政府推動兩岸關係的作法表達反對，民進黨壓力相對減少，但若據此向華府表現出對中政策上做出調整的不必要性，反而可能造成華府不滿。積極作為是化被動為主動，包括強化與華府與北京對話以及在立法院實際推動相關立法，去除「反中」標籤。蔡英文必須在民進黨內凝聚更強的共識，在民進黨外與新興公民力量競合，進而轉化為台灣內部更大的社會共識。同時透過團隊戰來擴大對美外交論述的話語權。

四、民進黨應將過去幾年來亞太政經安全情勢納入未來對美與對中政策論述中，破除美國凡事多從兩岸關係的單一稜鏡看待台美關係之窠臼。有鑑於二〇一四年歐巴馬兩度訪問亞洲之旅確立華府「亞太再平衡戰略」的落實，也揭櫫此一「重返亞洲」戰略的全方位面向，鞏固與其同盟夥伴關係，以交往與制衡兩手策略巧妙因應中國的崛起。民進黨應另闢蹊蹺，思考於美方關切的其他政策範疇提出具體合作方案，以稀釋華府對兩岸關係的過度重視，包括台灣國防自衛能力的強化與加入跨太平洋戰略經濟夥伴關係協議的具體行動計畫等。

五、面臨民進黨重新執政機會大增，北京會否調整對台政策？抑或維持並深化現階段對台「三中一青」的既有戰略，端視北京如何評估國民黨此次大敗的深層原因，以及後續與綠營接觸以影響民進黨與蔡英文對中政策的效果。北京也勢必透過華府向民進黨和蔡英文施壓。因此民進黨必須審慎、有耐心地評估北京對其可能重新執政的認知態度，保持民進黨對中政策與立場的一致性，同時漸進地透過二軌管道增加與中國的對話。

1 Robert Jervis, *Perception and Misperception in International Politics* (New Jersey: Princeton University Press), 1976.
2 請見劉世忠著，台美關係的戰略合作與分歧（2000～2008），二〇一一年，台北，新台灣國策智庫出版。
3 Thomas S. Kuhn在其《科學革命的結構》（The Structure of Scientific Revolutions）一書中提出「典範變遷」概念，係指一種「新理論取代舊理論」，以及「有更多的人會信服新典範」的過程。
4 請見劉世忠撰，「美國外交戰略與民進黨對美外交」，施正鋒編，台灣外交戰略，二〇一三年，台北，翰蘆圖書出版公司。
5 見余東暉報導，〈吳釗燮：台灣地方選舉不是中國的失敗〉，中國評論新聞，二〇一四年十二月三日。
6 見蔡英文專訪，天下雜誌第五五一期，二〇一四年七月九號出刊。
7 蔡英文七月於天下雜誌發言後，旋即於八月派遣核心幕僚赴華府澄清該項說法。

民進黨
在兩岸關係上的挑戰

顏建發

東海大學社會學學士、碩士、博士。加州柏克萊大學東亞研究所博士後研究員、日本慶應大學、一橋大學短期研究。曾任財團法人國家政策研究中心研究員、民主進步黨政策會主任、中國部主任、外交部研究設計委員會副主委、主委。在健行科技大學曾任國際合作處處長，現為企管系教授。著有《台灣的選擇：亞太秩序與兩岸政經的新平衡》（2014）等專書。

對九合一結果　北京傾向隱忍

二〇一四年十一月二十九日台灣的九合一選舉，在二十二席縣市長方面，民進黨大勝，一舉拿下了十三席。國民黨則大挫敗，由上屆的十五席滑落到六席，不僅丟掉中台灣的台中市與彰化縣，也輸了綠營全力支持的台北市。國民黨這一次選舉，不管席次或得票數皆可以「慘敗」來形容。這是選民對國民黨執政的不信任的一種反應。而由於兩岸政策是台灣政策的重中之重，國共緊密掛鉤，因此，也間接反應台灣民意對於北京對台政策與作為的一種不信任投票。至少，此一結果也會進一步加深北京與綠營支持者之間的鴻溝。如再加上香港激烈的占中運動，以及澳門跟進勢力的蠢蠢欲動，習近平欲圓中國夢的想望，可以說出現了空前的嚴峻挑戰。尤其，放眼未來的年輕世代，更沒有市場。

然而，無論如何，兩岸關係終究只是北京對外關係的一個環節而已，觀察兩岸關係仍宜從北京對外的大戰略布局為之。從二〇一二年底習近平就任中國共產黨的總書記以來，習近平在外交上可以說歷經了嚴酷的挑戰，但幾經努力，到了二〇一四年的八月以來，配合亞太經合會（APEC）的主辦，北京的外交氣候有逐漸轉好的跡象；北京並試圖戰略性推動「一帶一路」，也就是所謂的中國版的馬歇爾計畫，而將外交重心從「安全」轉到「經貿」。可以看出，其大政方針仍以經貿發展為主軸。以此思維觀之，北京的兩岸政策既然不可能脫離此一秩序，勢必重操以經促統、以商圍政、以民逼官的老把戲。

九合一選後，中國國務院台灣事務辦公室發言人馬曉光對選舉結果表示：「我們注意到這次選舉的結果。希望兩岸同胞珍惜兩岸關係來之不易的成果，共同維護並繼續推動兩岸關係和平發展。」顯示，北京高層對台灣綠版圖的擴大固有很深的憂慮，但在對台戰略上，應不會希望有大的翻轉與激烈的對策。誠如國台辦主任張志軍所言，「各界都希望兩岸關係繼續保持向前發展的勢頭。無論島內出現什麼情況，主流民意還是希望兩岸和平發展的。」而大獲全勝的民進黨對於選舉結果也十分低調，甚至極力將九合一選舉與兩岸關係的發展脫鉤。選舉的實情究竟如何，值得玩味，但脫鉤的努力意味著民進黨對於和平與穩定發展的兩岸關係相當珍惜。依此氛圍，北京為了顧全其自身發展，而民進黨為了有執政希望的利益，雙方應該會試圖往兩岸和平發展與經貿合作的方向努力。

對民進黨的戰略手法　北京採軟硬兩手

在對台政策上，北京向來採蘿蔔與棒棍交互為用的手法。可以預料，接下來北京會盡全力扶植國民黨，使之不墜；對於民進黨則蘿蔔與棒棍，軟硬兩手。在趨吉避凶的驅力下，北京會透過一緊一鬆的操作，讓台灣的方向朝向其所設定的方向而行。以目前中國政治經濟實力臻於高峰，而習近平權力更進一步鞏固之際，北京應該會以語彙上強硬的路線為主調，至少，不會放軟。但強硬路線尚不至於軍事行動，應會表現在心理威嚇以及經美制台的作為，讓民進黨不至於走太遠。畢竟，在施展強硬政策上，北京也非全然沒顧忌。北京也怕得罪台灣大眾。中國在意統一大業，其需要台灣遠比台灣需要於中國者。沒有中國，台灣仍有小確幸；有了中國，一大堆負擔與風險。試想，統一如果是幸福的事，又何以中國內部的菁英紛紛想出走？習近平如果知台，則不可能不了解自身追求中國夢的現實限制。而受既有的對台政策與策略操縱的慣性所影響，北京勢必會再度施展軟硬兩手以及區別對待的分化手法。而有鑑於過去國民黨人士獨占兩岸交流的紅利的不當，北京有可能更重視自己網絡關係的經營，並傾全力以直銷的手法，透過手上的經濟籌碼，直接做綠營人士，尤其綠營各執政縣市或各級議會的工作。

民進黨兩岸定位　在國與國的關係

馬政府說，「把兩岸事務當外交事務，把中國大陸當外國，在兩岸關係中是行不通的作法。」相反地，民進黨是將中國當作外國看待。從綠營的角度來看，台灣是主權獨立國家不只是信仰，也是現實。而根本上台灣地處亞太的政經要衝，其生存的機會是面向全球的。從台灣自身的全面性的利益與價值去思考，中國只是一部分而已。從人民追求經濟利益的角度，中國市場固有其便利性，這是現實。但從國家整體發展的角度來看，只要中國不願放棄侵吞台灣的企圖，台灣資本的過度流向中國，都將造成台灣國家發展的困難與限制。此際，政治社群如無戒心，不進行投資與貿易的多角化與分散化作為，遠離對中國的依賴陷阱，台灣最終將因過度向中國傾斜而逐步沒入其體系而慘遭滅頂。

基於兩岸是國與國的關係的出發點，在兩岸大交往進程中，民進黨傾向建立一些足以讓台灣於交流中保持獨立性的機制。民進黨會主張，應透過有限資源的協調與整合，在各領域，尋求中國之外的全球化空間與網絡的開展，活化台灣與國際的交流。眼前，在馬政府大交流政策導致台灣大幅度向中國傾斜的困境，更凸顯民進黨一旦執政後，需要全面開展全球化機制與網絡，深化台灣的國際化渠道，以反轉台灣向中傾斜的困境。換言之，要以國際化來平衡中國化的力道。而要國際化，台灣必須在英語上更下功夫。這除了要在觀念上去努力宣傳，同時，需要由公部門的重視來帶動。私部門固在政策的支配之外，但公部門的努力卻可帶動私部門的效尤。

不管民進黨如何界定兩岸關係，中國對台灣在交流上的節節進逼，是個事實。民進黨如果採取守勢，將陷入被動，反而不利於生存與發展。對與中國的積極交往政策上，民進黨可以更積極點，並高舉民主旗幟，期待在此議題與中國分享經驗。民進黨不能接受中國無理的要求，不代表就應拒絕對話或接觸，民進黨應以更大的耐心與中國交往。正如中國共產黨從來就不認為台獨人士是可改變的、可信任的，但中國共產黨從來沒放棄對台獨人士的統戰與招安。民進黨應開展主動關心中國未來發展的胸懷與策略。

民進黨應拋下不必要的成見，好好探索中國政府與人民過往的歷史與經驗，從一個感性認識角度出發，去認識中國人的情感與思維模態以及悲喜與榮辱的歷史過程。民進黨應設法創造新的價值，使中國的人民有意願、有興趣和民進黨交往與接觸。民進黨也應告訴共產黨：台灣已是民主社會，不可能為中國放棄民主生活，而台灣不接受統一不意味著必然是仇敵。基於台灣和中國千絲萬縷的複雜關係，為了兩岸子孫後代長期的和平共存，民進黨也應基於政治現實與倫理將中國人民的安全與福址視為民進黨世世代代對外政策的最優先。中國人畢竟既是台灣人的遠親，也是近鄰。在這種善意下，北京如果不願在民主議題上與台灣對話，責任便在中國，不在台灣。台灣在國際場合上說得過去，會得到支持的。

不過，不管是國際化布局或民主對話，在做法與方式上，民進黨宜採低調與溫和路徑，應降低對抗氣氛。在美中兩強的競逐下，實無台灣擅長之國際舞台，台灣不妨採後發制人，被動回應的方式處之。除此之外，台灣更不宜自我驚嚇，自解盔甲，自棄陣營。民進黨應積極尋找兩岸能溝通的機制，藉制訂規則與程序，將兩岸關係的發展納入規範化的軌道。中國當前積極面向外面，而台灣要在國際化的進展必須超越中國，如此，才能贏得中國的尊重與珍視。

應對政治壓力　民進黨需精明、冷靜

北京曾說，如久拖不談，北京不排除動武，但究竟多久？即便久拖，北京真能出兵嗎？北京除了需考慮內部條件，也需考慮國際因素。北京堅持在「一個中國」的前提下，才能進行政治談判，這是出於預先排除外力介入的正當性的權謀。但政治談判如將自己放在對方所設的前提與框框，這不是談判而是招安。台灣如果在民族主義上取得與中國親近的立場，也許可以一時鬆懈兩岸的緊張關係，但隨之而來的是基於立場的承諾後，來自北京進一步要求共同承擔民族主義義務的壓力，例如共同對付日本的需求或試探台灣是否真心的壓力也會不斷上升。在接受一中原則後，台灣一旦拒談或外交立場不一時，便成為一種拖延或背叛，而給北京攻台提供正當性。在台灣一心堅持主權獨立之下，中國如做得過火，除了激發台灣民眾的反感與同仇敵愾之外，必也會引起周遭國家的不滿與斥責。

實際上，對綠營而言，自二〇〇八年五月國民黨取得政權以來，兩岸關係更大幅地向中國傾斜。而為了達到全面統一的目的，中國對綠營所做的工作不僅不敢稍懈，甚至更轉為為積極。而九合一台灣政治版圖大幅綠化固然事實，但兩岸在經濟與社會有更進一步地體系整合，也是事實。只不過，在過程中，體系的整合過程所出現的利得與矛盾將會同步強化。不管如何，由於中國的綜合國力在不斷地提升當中，比諸過往李登輝和陳水扁執政時期，北京對台政策與行動更見信心與耐心，其主流的意見傾向相信中國自身變化是兩岸發展的最關鍵點。這種自信會使得他們願意採取較耐性與溫和的作法。然而，這一次九合一的選舉後，綠營的版圖大幅擴張，尤其年輕族群大量轉向綠營，令北京十分的不安。從北京的利益著眼，北京勢必不願見到二〇一六年民進黨重返執政權，因此，北京極可能以很隱諱的方式，祭出各種措施，既阻止其發生的可能性，又不引起台灣民眾的反彈而遭致反效果。

從大的統戰戰略來看，過去六年多來，藍營對北京的輸誠，已可以說到位了。此刻，如果拉攏民進黨的工作如能成功，則中國離統一大業的完成時日不遠矣。雖然反中的年輕族群是個新問題，但北京對於綠營所做的工作，也不能說一點成果也沒。依此研判，到二〇一六年選舉前，北京應不會放棄繼續對綠營做工作，尤其給予更多的利誘。也就是說，拉攏仍會是北京對綠營工作的要向。事實上，即便退一步想，拉攏民進黨至少有幾方面的意義：其一，可維持住交往管道，蒐集資訊，掌握動向；其二，或可遲緩民進黨越走越遠的傾向；其三，中方也發現綠營固有一些去中國化，態度強硬，但也有些新的見解較包容者，慢慢在浮現當中。無論如何，北京的交流派一直是主流，而大環境也較適合交流派生存。交流派仍會希望要透過交流，設法讓綠營改變對中國印象與觀感，畢竟，共產黨與民進黨沒有深仇大恨，這是個有利的起點。

北京續強調 與民進黨非正式交流

中方了解，由於九合一選舉綠營大獲全勝，因此二〇一六年總統大選前，即便馬政府仍緊控兩岸交流的樞紐，綠營卻也有部分主導台灣在兩岸政策走向的能耐。更何況，一旦二〇一六年民進黨重返中央執政，則與民進黨的接觸成為一種必須面對的現實。因此，北京不得不注意綠營的動態。而中國共產黨既要和平發展，就必須認真考慮如何與民進黨打交道。再者，兩岸進一步地體系整合，台灣要強行脫離，不僅不切實際，且要付出代價。這種自信使得北京有些人會願意採取較耐性與溫和的作法。因而，進一步說服並贏得綠營人士的接納與支持，仍可能成為目前中國涉台單位的主要工作目標。

依目前的態勢看，共產黨沒得選擇，必須需與民進黨打交道。只是，如果民進黨不廢除台獨黨綱、不能接受九二共識、一個中國等，那麼，黨與對黨的交流不可能進行。在這種情況下，只可能透過與泛綠的智庫或研究單位來進行接觸。未來應還有很長的一段時間，民共的交流仍被迫必須以「不具黨對黨意義」的個人或團體的交流為之。

本質上來說，中國的交流模式很明確，其招降或招安之統戰工作與其說是陰謀，不如說是陽謀。共產黨的統戰是擺明地做。中國數十年來最為精湛的統戰手法，即是和戰兩手策略，一方面絕不放棄維持強大軍力，另外對於台灣人民採取笑臉攻勢，軟化台灣人民的敵意。民進黨只要有執政的企圖心，就必須要面對來自中國無窮止境的騷擾。而橫在民進黨眼前的兩難是：不接觸，難以支應現實需要，然一旦擴大接觸，排山倒海而來的系統性的交流需求，將使綠營難以招架。

民進黨面對兩岸交流的對策

在兩岸交流上，北京向來主張「一中原則」或以「一中原則」為基礎的「九二共識」為前提。民進黨主張不設前提的兩岸交流。畢竟，台灣一旦接受「一個中國」或中國人的論述，就要接受整套的歷史觀與歷史責任。不同於歐盟的自願主義，一個中國或中國人的論述，內涵家族血緣的責任與義務。一旦背離，反而是種背信忘義，會遭到更嚴重的道德、政治與軍事懲罰。台灣要維持與中國正常交往，但問題是，中國無此意願；中國最終希望統一台灣。基本上，中國對台灣是不懷好意的。在現實上，即使台灣不去理會中國，中國也會主動來統戰台灣。這使得台灣無可迴避。因此未來一旦民進黨有機會執政，必須面對的現實是：會有越來越多的台灣人與中國交流；而中國人也會遣使更多的中國人進入台灣。一個綿密的交流是台灣執政者所無法不去面對的。

誠然，在馬政府六個多年頭的大開放與大交流政策下，兩岸關係進入空前的緊密，台灣的社經體系高度融入中國。北京和藍營人士經常認為，形勢有利於中國，掌控權在北京這邊。這種說法似是而非。本文以為，關鍵並不在於大小或強弱，而是看誰在意。在意者便是輸家。兩岸統一是中國單方面的需求。對於互動的雙方，尤其當北京堅持要和平統一台灣，那麼，北京一旦發動戰爭，恐未蒙其利，先受其害。中國從血洗解放台灣走到和平統一台灣，就是因為戰爭之路走不通。中國的說法不過是不戰而屈人之兵的心理戰罷了。兩岸交流產生的負擔，也一樣丟回來到北京的面前。台灣的困擾是北京製造的；而北京的困擾則是自製的。

是以，台灣必須有心理建設：與中國之間的爭鬥是長久的心理戰。中方必然透過官民齊下的統戰，威脅利誘、苦勸、騷擾，無所不用其極。台灣的領導菁英一旦放鬆、放軟，喪失了戰鬥意志，就要陷入更惡劣的惡性循環。面對這個問題，台灣可視之為無法割除的癌，而自身必須健身，強化免疫系統與生理環境，並學習與癌細胞共存。企圖將之割除或自我放棄，都可能會帶來毀滅性的傷害。

此情況下，兩岸的交流，戰略上，台灣需抓重戰略主軸，也就是以政治民主化、經濟自由化與社會多元化作為一個趨向文明國家的發展境界的標竿；藉著著力於此目標，使得已融入中國體系的台灣足以將中國帶出。此一過程，台灣將可居於主導地位。台灣起示範作用而非像美國那般高壓方式，對於中國人民而言，將不會是挑釁，而更可能贏得民心。而要帶動中國，仍需用中國的方式。中國雖歷摧殘傳統中華文化的文革，但文革畢竟已被視為歷史的惡，足見傳統中華文化仍為中國文化主流，基於此，民進黨應善用中華文化做為兩岸關係的共同語言。這是兩岸走向和解的重要認同基礎。

推測，到總統大選日的未來這一年多，北京的對台政策的重點應會放在：如何加碼幫助二〇一六年藍營候選人，衝高選票，或北京轉變思維，改善綠營對北京的觀感，拉近與綠營的關係，讓政治上的藍綠爭鬥與對北京的觀感脫鉤。但這兩者都有難題。依前者，北京和綠營支持者間的鴻溝會越拉越大；依後者，北京需在政治立場上做大調整，但北京顯然沒有意願。過去以來，北京一直在塑造一種氛圍：民進黨執政的最後一哩路在兩岸關係的無法突破。北京如有這種認知，勢必加緊對民進黨在接受九二共識上的進逼，而非放鬆。面對這種態勢，民進黨必須有耐得起煩的心理準備。

小結

來自中國的心理騷擾，令人不堪其擾。遠路不須愁日暮。兩岸的社會經濟交流如此密切，承受來北京的壓力是台灣無可逃避的命運。不過，在國際社會追求個別利益與權力競逐時，自然會出現一種平衡力，台灣的何去何從，非北京主觀意志所能任意操縱與移轉。台灣最終的命運仍取決於台灣內部自身。「千里之堤，潰於蟻穴」，再強大的國家，只要一個漏洞，就可產生致命的潰敗，這可說明中國威勢的不足以懼。相反地看，此道理也說明，任它洪水氾濫，只要台灣不出現讓中國得以插針的縫，不存在足以讓堤潰的穴，中國的文攻武嚇也不足懼。孫子兵法有所謂的「上兵伐謀，其次伐交，其下攻城」。中國是孫子兵法的發源地，這地方的人善於玩弄虛虛實實的心戰。要支應來自北方的壓力，民進黨需要更多的心理建設，也應在兩岸交流的議題上多做規劃與培育人才。

民進黨
重返執政的兩岸因素

羅致政

現為東吳大學政治學系副教授、民進黨新北市黨部主委、台俄協會秘書長。美國加州大學洛杉磯分校(UCLA)政治學博士，曾任民進黨中央黨部發言人、新台灣國策智庫執行長、國策研究院執行長、外交部研究設計委員會主任委員，以及東吳大學政治學系主任職務。研究專長為外交政策與兩岸關係。著有《解構「一個中國」：國際脈絡下的政策解析》、《解開台灣主權密碼》、《ECFA大衝擊：台灣的危機與挑戰》、《漂移的島嶼：大國夾縫中的台灣》、《台灣民主鞏固—政權輪替的國家安全挑戰》、《台灣外交的省思與前瞻》等專書。

中國大陸習李體制的對台政策，是以民族主義、鞏固深化與政治對話作為三大戰略主軸，企圖形塑兩岸關係不可逆轉的發展局面，進而創造和平統一的物質與精神基礎。中共當局漸難接受所謂「不統、不獨、不武」的主張，更不認為兩岸交流「只經不政」是可以接受的現狀；因此，兩岸關係進入政治對話甚至政治談判的深水區，是北京當局的期待，也是台灣朝野必須面對的挑戰。除此之外，如何因應兩岸交流的量變所帶來的關係質變，力圖順勢而為、因勢利導，進一步爭取台灣更多的談判空間與時間，這是台灣政府在因應中國當前對台政策作為時，必須認真考量的重要戰略原則。

做為目前台灣的第一大反對黨，以及二〇一六年之後的可能執政黨，民主進步黨非得面對與處理兩岸問題不可。但如何處理？何時處理？除了民進黨的單方作為之外，更牽涉到中國的態度與政策，畢竟一個銅板不會響。因此，兩岸關係要尋求突破與進展，不能僅將壓力加諸在民進黨身上，包括北京甚至華府在內，都必須承擔共同的責任，究竟兩岸關係長久以來是一個互動（interative）與動態（dynamic）的過程。因此，若僅以民進黨能做什麼或不做什麼來思考兩岸關係的發展，顯然會有相當的程度的失真甚至是一廂情願。即便如此，本文仍試圖以民進黨在兩岸關係上的可能單方作為，來探究民進黨邁向重返執政所面臨的機會與挑戰。

兩岸關係的客觀現況

很清楚的，北京當局過去幾年所欲形塑的兩岸關係，是一個即使民進黨政府重新上台，都不易改變的兩岸政治與經濟格局，而且是建構在「反對獨立」與「一中框架」基礎上的格局。然而，在認知到民進黨及所代表社會力量存在的客觀事實，以及民進黨在二〇一六年可能重返執政的現實，如何加強與民進黨及泛綠陣營的互動與接觸，以掌握乃至影響未來民進黨政府的政策走向，便成為北局當局無法迴避的課題。簡言之，除非願意坐視兩岸關係停滯甚至倒退，否則中共當局有必須與民進黨接觸與對話的客觀需要。

然而，民共兩黨的政治接觸與對話，無可避免地要面對「一中框架」、「九二共識」、「反對台獨」等一些政治基礎與基本原則的問題。民進黨與中共之間交流與對話所欠缺的一項最重要基礎，也就是彼此之間的政治互信。不論是民進黨對於台獨的主張或者是對「九二共識」的拒絕態度，都是中共持續對民進黨採取質疑與批判的重要原因。簡言之，對於兩岸關係的本質與發展方向，民進黨長久以來所提出的各種論述，不論是台獨黨綱、台灣前途決議文、正常國家決議文或者是台灣共識等，中共當局目前都採取反對的立場，自然也無法成為民共兩黨之間的政治互信基礎。可以預見，在未來如果民共之間無法針對「一個中國」或「九二共識」的歧見達成彼此讓步或妥協，雙方要進一步交流、對話，恐怕仍有相當高的難度。

除了民共缺乏互信的政治基礎之外，兩岸交流的質與量的變化，也是民進黨政府未來的一項挑戰。在馬英九政府執政幾年的推動下，兩岸交流在各個面向的不斷深化與擴大，這是民進黨在提出中國政策主張時，無法去忽視甚至否定的客觀現實。具體而言，民進黨對於兩岸既存的各式協議，該採取「延續前朝政策」的概括承受態度？還是必須有所保留甚至加以調整？這都是可能影響兩岸關係發展未來前景的重要課題。除此之外，正在審議當中的服務貿議協議，即將浮上台面的貨品貿易協議，以及兩岸協議監督機制的立法程序等，這都是民進黨必須明確表態的政策議題，也是民進黨大陸政策走向的具體展現。

然而，民進黨的兩岸政策除了要面對兩岸交流在量上面的變化之外，也要面對交流所帶來的本質轉變；其一是台灣民眾的國家認同與統獨立場變化，另一方面則是傳統藍綠立場之外的世代差異。政治大學選舉研究中心的調查顯示，「台灣人認同指數」（將台灣人認同減去中國人認同），從一九九二年的負七・九％，逐年增長到二〇一四年的五七・一％，而且在馬英九執政七年內的增加速度，超過其前任陳水扁政府。二〇一四年年底的調查顯示，認同自己是台灣人的比例為六〇・六％，是台灣人也是中國人的為三二・五％，而認同自己是中國人的只有三・五％。

而在統獨立場上，除維持現狀再決定及永遠維持現狀外，將支持盡快統一、偏向統一的支持度減去盡快獨立與偏向獨立的，得出「兩岸統獨指數」。指數為正，表示偏向統一，為負則表示偏向獨立。「兩岸統獨指數」在李登輝執政的一九九四至一九九九年，平均為五・一％，陳水扁時期為負二・九％，而馬英九時代為負一一・七％，二〇一四年更創下歷史新低的負一四・七％，上述資料顯示，馬英九在二〇〇八年執政後，雖然全力推動兩岸更密切的交流與整合，但台灣民眾支持台獨的比例卻同時達到了新高。

更值得觀察的是，在當前的台灣社會，所謂國家認同或統獨立場，已不僅是傳統藍綠的政治表態，更存在極為不同的世代差異。根據台灣指標民調在二〇一五年二月十二日所公布的民調，有六七・七％的受訪民眾不贊成兩岸終應統一的主張，但年齡愈輕者不贊成終統的比例也愈高，二十至二十九歲的受訪民眾甚至有八成四不贊成終極統一。太陽花學運的發生，一方面凸顯年輕人對兩岸關係發展的焦慮，另方面也標誌出新世代對兩岸關係定位的看法。綜言之，台灣社會對於兩岸關係發展的走向，也不能再用傳統藍綠的侷限角度來看待，民進黨必須更精準地掌握社會的真實民意脈動，才有可能獲得民意支持、順利重返執政。

重返執政的最後一哩路

做為一個政黨，追求執政是最低的道德標準。二〇一六年大選，民進黨當然要努力達成這個目標，否則就失去做為一個政黨的意義。然而對民進黨來說，邁向執政的最大挑戰之一，還是兩岸關係的處理。換言之，民進黨要讓重返執政的最後一哩路走得順利，還是必須設法移除兩岸關係的可能包袱。根據民進黨自己在二〇一四年三月所公布的民調，民眾對於國、民兩黨的兩岸政策主張，最不能接受民進黨「逢中必反」，比例為四〇・七%；最不能接受國民黨則是「過於順從中國的要求」，比例為三七・四%；另有三〇・六%不能接受國民黨「經濟依賴中國」。

姑且不論民進黨是否真的「逢中必反」，但民調顯示台灣社會對於民進黨這樣的刻板印象仍究很深。簡單講，民眾對國內的兩大政黨的兩岸政策都存在著刻板印象，對民進黨的認知是「say no to China」，對國民黨則是「say yes to China」。反過來說，多數民眾對兩岸政策是採取中庸務實的立場，該說不的時候要說不，該說好的時候要說好。民進黨的機會與挑戰也就在此，一方面要拿掉「逢中必反」的錯誤刻板印象，另方面必須拿捏掌握何時該說不、何時又該說好。

然而現實上要精準掌握民意動向，卻又不是一件容易的事。根據台灣指標民調在二〇一三年十一月份所做的調查，當民眾被問到認為民進黨的政策是否需要調整？調整是要更開放、更保守還是沒必要調整？結果認為應該更開放的是三八・六%，而在此四個月前，是五二・五%認為應該更開放，所以認為要更開放的反而下降；認為應該更保守的，二〇一三年七月是八%，但到二〇一三年11月增加到二二・三%，就是說反而大家認為民進黨應該更保守；認為沒必要調整的占六・一%。這代表什麼？對民進黨大陸政策應該更開放、更鬆綁的看法，為什麼會有這樣的轉變？這恐怕跟兩岸交流所帶來的分配不均以及負面效應浮現在很大的關聯。

現實政策的拿捏當然必須與時俱進因應調整，但基本政策的立場與主張，則必須明確與一致。民進黨主席蔡英文在二〇一五年一月二十一日主持「中國事務委員會」時發表兩岸談話，提出所謂「三個堅持」與「三個有利」的原則，要求未來推動兩岸關係，必須有利於國家自由民主發展、區域和平安全穩定、兩岸互惠互利交往。同時，堅持政府決策須充分民主和透明化、交流過程須多元參與和機會平等、交流成果須維護公益和社會共享。而中國事務委員會更具體建議，十三個地方執政縣市仿效「高雄經驗」成立「兩岸小組」的機制來因應與處理城市交流。

蔡英文或民進黨之所以要構建「兩岸交流平台」，應該主要有三個層次的考量。第一，民進黨必須適應大環境變化，向人民顯示其有處理兩岸關係的能力。大環境的變化表現在三個方面：首先，從發展的角度來看，現在的民進黨是一個有執政經驗、有處理兩岸關係經驗的在野黨，是一個有實際上從事跟操作過兩岸交流互動經驗的反對黨，這與二〇〇〇年前處於在野地位的民進黨有很大的不同。其次，如上所述，馬英九上台之後的兩岸局勢已有很大的質量變化，民進黨必須務實面對這些變化。其三，從長遠的發展趨勢來看，中國已經快速崛起，中國的力量在區域和全球的影響日增，這些都是民進黨需要現實看待的問題。因此，如果民進黨要讓民眾對民進黨處理兩岸問題有信心，則必須用某種方式，讓民眾認為或預期民進黨在中央重返執政後，能務實處理兩岸問題，而由地方執政縣市先行，則是一個必要也是務實的作法。

民進黨尋求建立兩岸交流平台的另一個考量，則是基於傳達台灣民意的現實必要。民進黨在台灣內部是一股代表至少百分之四十以上民意的政治力量，但在立法院裡面則是相對少數，它的聲音很不容易被看到和聽到。民進黨認為，中國大陸有時候是透過間接的管道，或從藍營的觀點，去理解民進黨的政策、主張與走向，或者去瞭解所謂另外一半台灣人民的想法。雖然大陸也會用各種方式去傾聽台灣不同的聲音，但是從民進黨或綠營人士直接聽到、看到並掌握至少另一半的民意，從現實上而言有其必要。但綠營人士面臨的一個可能的問題是，如果與大陸接觸或有密切的來往與互動，恐會擔心在陣營內部引發反彈或批判。因此，如果透過一個由黨所推動或認可的「兩岸交流平台」或機制來進行交流，就不用擔心可能被貼標籤的問題。

第三，民進黨必須有一個收集大陸對台訊息的公共平台。民進黨作為一個未來可能重新執政的政黨，必須更準確掌握中國大陸的真實現況與未來走向。大陸的局勢變化很快，民進黨如果能用更直接、更有效的方式，去掌握中國當局的對台政策，並瞭解大陸整體的發展趨勢，這對於制定更適切的兩岸政策，絕對有所幫助。雖然綠營的個人、派系或智庫，也一直有從事類似的交流，但這些交流所獲得的訊息往往變成個人或派系的資產，而沒有把這些訊息與經驗變成政黨的公共財，做為民進黨相關決策時的重要參考。因此，如果民進黨有一個「兩岸交流平台」，無論綠營人士到大陸，還是大陸人士到台灣與綠營人士交流，所獲得或掌握的訊息，將有可能成為民進黨決策時的公共財。

除了務實地從交流中建立兩岸互動的模式之外，民進黨終究仍需由還是由戰略的角度去思考兩岸關係的未來，這又分為政治外交、經濟與社會三大塊。政治外交方面，對於台灣的最大挑戰，是美中之間在建構新型大國關係的過程當中，台灣的扮演角色與自我定位到底是什麼？坦言之，連美中兩國也是在摸索磨合中。例如在大陸設立東海防空識別區問題上，可以看出各方面都還在互相摸底、互測紅線當中。因此，如何精準的因應美日對中國崛起之後可能的策略與作為，是民進黨現在就必須構思以及未來可能立即面對的課題。可以預見的，美日跟中國之間這種測試底線跟紅線的情況，未來只會越來越多，甚至讓磨擦變成不可避免。台灣最大的挑戰就是在大國互相測試、摸索磨合乃至於出現磨擦的過程中，如何做到大陸政策與外交政策的最佳平衡。

而在經濟方面的挑戰，從大的戰略格局來講，兩岸經濟的競爭性越來越高於互補性，兩岸間包括高科技產業的競爭性越來越強，台灣對大陸的依賴越來越深。所以從戰略層次來講，如何稀釋或減少對中國大陸的過度依賴，向全世界更加的自由與開放，似乎是不可避免的做法。但自由化一定要付出代價，畢竟天下沒有白吃的午餐。例如，台灣不斷強調要推動加入跨太平洋戰略經濟夥伴關係協議（TPP），但問題不只是美國願不願意而已，更多的困難是在於台灣自己準備好沒有。台灣當然要有準備，因為開放一定付出代價。而民進黨對兩岸經貿開放與交流的態度，會不會影響到台灣跟其他國家談判自由貿易協議（FTA）的意願與信心，的確是民進黨在重返執政時要去面對與思考的問題。

至於社會交流的部分，當前兩岸在通婚、旅遊、留遊學、文化、宗教等各方面的互動，正以前所未有的速度在增加當中。而隨之產生的結果是，交流的量變一定會帶來質變，而這些變化一定會對台灣社會甚至政治帶來衝擊與影響。然而如前面所引用的民調所顯現出來的，這些質變的方向卻未必是北京當局甚至是馬政府所期待看到的發展。易言之，對於兩岸的交流，民進黨可以有更多的自信，不用過度擔心兩岸交流一定會導向統一的方向，有時候甚至會出現逆向的效果。因此，民進黨該去思考的是，台灣或許不能去改變兩岸互動交流的趨勢，因為其方向就是越來越密切，但我們卻可以想辦法去改變交流的影響方向，而這個交流未必是大陸影響台灣，而是要利用交流去影響對岸對台灣的看法跟認知。當然這需要時間，但不做卻永遠沒有機會。簡言之，民進黨要用更有創意的方式、更主動的方式去進行兩岸的接觸與交流。台灣最重要的就是爭取更多的時間，因此，民進黨在戰術的處理上，應避免做一些讓時間變的急迫，逼使台灣自己要攤牌、對方要攤牌的事情。

結語

面對國際局勢、兩岸關係以及台灣內部的近期變化，民進黨的邁向執政之路必須更加地謹慎，也只有正確理解這些內外格局對於兩岸政策的意涵，採取更具前瞻與務實的做法，才能建構和平與穩定的兩岸關係。在戰略上，民進黨應該「以時間換取空間」，在戰術上，則可以考慮採取更自信、更主動、更具創意的做法，來面對與進行兩岸的各種交流。面對北京對局「入島、入戶、入心」的政策進逼，民進黨主政之下的台灣不能只有被動接招，一定要能主動出擊；只有主動出擊，才能消弭台灣民眾對民進黨逢中必反或者畏懼兩岸互動交流的錯誤刻板印象；也只有如此，民進黨的重返執政之路，才能更加的平穩與順利。

附錄一
蔡英文的兩岸政策主張

民進黨主席蔡英文回應中共總書記習近平有關「九二共識」，她二〇一五年三月六日上午出席「台灣未來發展之探討論壇」開幕式，接受媒體訪問時表示。兩岸關系不是國共關系，處理兩岸關系應該著重於實質層次，名詞或標籤化都不利於兩岸關係的有效處理。

當被媒體問到，是否有意迴避「九二共識」？蔡英文仍沒有提到「九二共識」四個字，她強調，民進黨的政策其實是滿清楚的，也就是在二〇一四對中政策檢討紀要，以及她近來所講的「三個有利」、「三個堅持」，重點都放在維持兩岸的和平穩定。

她早就說過「兩岸並不存在九二共識，當然沒有所謂接不接受，承不承認的問題」。

「三個有利」、「三個堅持」是英文二〇一五年一月二十一日在「中國事務委員會議」上提出的：要求未來推動兩岸關係，必須有利於台灣自由民主發展、有利區域和平安全穩定、有利兩岸互惠互利交往；堅持當局決策須充分民主和透明化、堅持交流過程須多元參與和機會平等、堅持交流成果須維護公益和社會共享。

蔡英文的演講全文如下：

民主進步黨主席蔡英文在二〇一五年一月二十一日於該黨中國事務委員會致辭

自一九八〇年代台灣和中國開始互動以來，兩岸交流往來日益頻繁密集，兩岸關係對台灣社會及人民生活的影響也愈來愈大，幾乎在每一個層面都會觸及到兩岸的問題，這是我們必須共同面對的現實狀況。

民進黨認為兩岸交流互動是無可迴避的，也有能力穩健推動兩岸關係。回顧二〇〇〇～二〇〇八年我們執政時期，致力維持台海和平及和中國的穩定關係，同時更從前瞻觀點，完成了兩岸經貿關係的結構性調整，大幅修正兩岸關係法制，也為後來的直航、陸客來台等奠定堅實的基礎；事實證明民進黨有能力維持並推動穩定的兩岸關係。

二〇〇八年五月馬政府上任之後，在推動兩岸關係上急切躁進，既忽視兩岸在政治、社會及經濟體制上的巨大差異，也未認真的建立兩岸交流互動存在的各種風險的管理機制，以致造成很多讓社會憂慮的現象和問題，尤其是兩岸經貿發展從互補轉變為競爭關係、台灣主體性逐漸弱化及國家主權的流失。

國民黨執政下的兩岸政策和人民的距離愈來愈遠，導致去年連串公民運動及學生運動對兩岸關係的深刻反省，這也顯示未來兩岸關係發展必須要從人民的角度進行檢討和調整，以利兩岸交流互動的健康、平衡、有序的持續發展。

民進黨推動兩岸關係，在堅持國家主權、遵循民主憲政體制及維護台灣主體性上，獲得民眾的認同和肯定，但一直以來，國共雙方以其共同定義的兩岸關係框架，意圖將民進黨邊緣化，也造成部分人民誤解民進黨的政策及處理兩岸關係的能力。

兩岸關係必須面向未來，與時俱進。民進黨必須承擔起責任，積極尋求台灣社會的共識，擴大處理兩岸關係的民意基礎。未來推動兩岸關係，必須有利於國家自由民主發展，有利於區域和平安全穩定，有利於兩岸互惠互利交往。

兩岸交流互動必立基在全民的利益之上，我們堅持政府決策須充分民主和透明化；堅持交流過程須多元參與和機會平等；堅持交流成果須維護公益和社會共享。

去年底的選舉，台灣人民用選票表達了對執政者不滿和必須改變的強烈心聲，民進黨在十三個縣市肩負起執政的責任，未來在地方執政作出符合民意期待的最好成績，是大家共同努力的目標。

地方政府施政也必須面對日益增加兩岸交流事務，因而擴大執政縣市處理兩岸事務的能量，是現階段的優先事項，也是強化人民對民進黨處理兩岸事務信賴的重要起點。今天委員會議特別討論「執政縣市建立處理兩岸事務之機制」，希望各執政縣市能從制度化著手，並在經驗、資訊、資源、運作等方面互通有無，共同分享，逐步充實處理兩岸事務的能量。

中國事務委員會也有責任為強化民進黨兩岸論述及未來處理兩岸事務的能力作更多準備，一步一步地穩健面對兩岸議題，讓人民對民進黨有更大的信心。

附錄二

二〇一四對中政策檢討紀要

中國事務委員會
二〇一四年一月九日

前言

在過去二十年間，東亞地區形勢發生權力格局重整，中國崛起對既存區域秩序與台灣軍事外交構成挑戰。同時，兩岸之間也發生了實質的變化，交通便捷，經濟關係密切，人員往來頻繁，交流深入各階層，兩岸之間也簽訂了多項協議，這些發展都已不可同日而語。

兩岸人民之間本無相互敵意，更有語言與文化上的淵源，雙方政府理應在各自體制之下，努力解決人民切身問題，提升人民權利與福祉，並且謀求兩岸關係可長可久之道。

民主進步黨一向承擔台灣人民期待，也必然要對台灣未來承擔更重大的責任。「生存是王道，民主是基石」，民主進步黨必須嚴肅回應台灣人民所期盼的兩岸穩定與經濟發展之國家課題，也須堅持兩岸未來關係發展須經台灣人民同意的核心價值，對於台灣所面對的區域形勢與兩岸關係更要有所掌握與主張。

在此背景之下，民主進步黨成立中國事務委員會，檢視過去並策劃未來。經過近三十位諮詢委員的共同商議，在二〇一三年五月九日，召開第一次委員會議，並提出台灣的中國議程，作為委員會議的討論綱本。至二〇一三年十一月十四日止，共召開了四次委員會議。在委員及社會各界建議之下，也在二〇一三年七月四日召開了第一次對中政策擴大會議，邀請黨公職人員、黨內意見領袖、社會團體領袖及學者專家參與。到二〇一三年十二月二十六日止，共召開了九次對中政策擴大會議。

對中政策擴大會議曾就台灣對中政策的核心價值與願景、台灣的經濟戰略、如何處理「九二共識」、「中國因素」在台灣、兩岸公民社會交流、中國民主化以及區域安全情勢進行深入討論，由中國事務委員會委員分別主持。在九次對中政策擴大會議中，共有六百二十九人次出席，五十七篇引言報告，十五篇書面意見，二百二十七人次發言，對各不同議題進行討論。這是台灣有史以來對於兩岸關係最全面、最深入的探討。

本紀要針對歷次中國事務委員會委員會議與對中政策擴大會議及書面報告重要論點、對中政策擴大會議共同意見及主席結論進行整合。紀要本文依照台灣核心價值與願景、政治層面、經濟層面、社會文化層面、國家安全進行整理，盼能為台灣提出一個更為深入、更為全面的研析與政策主張，作為台灣的中國議程。

壹、基本立場與核心價值不變

檢視台灣民眾對中國政策的立場與態度，顯示當前台灣民眾的國族認同及統獨態度已經穩固，認同自己是台灣人，主張獨立的比例，從近年的民調來看都是當前的主流民意，而台灣與中國同屬一個國家的兩岸定位，並不被台灣民眾接受。

現今，台灣民眾的國族認同、統獨態度，以及台灣與中國的關係，與本黨在一九九九年通過的〈台灣前途決議文〉主張的立場已趨於一致，顯示經歷多年來的民意檢驗，本黨的基本立場已被多數的台灣人民接受。

要守護國家主權，我們認為唯有堅持自由、民主的核心價值，確保台灣人民對於未來前途有自由選擇的權利。在兩岸未來的關係上，本黨主張的「任何有關（國家）獨立現狀的更動，必須經由台灣全體住民以公民投票的方式決定」，沒有改變的必要。

本黨〈台灣前途決議文〉的基本立場與核心價值雖然毋須改變，但鑑於兩岸的交流已更形密切，政府之間也簽訂多項協議，經濟、社會的往來深入各階層，本黨對中政策的策略必須與時調整，以更務實態度來處理新生議題，讓台灣民眾相信本黨有處理兩岸關係的能力，才能回應民意，守護台灣。

貳、確保台灣自由民主的兩岸政治定位與交流

〔基本情勢評估〕

二十一世紀以來，台灣已經歷了兩次政黨輪替，人民的政治意識更加鞏固，特別是在國族認同與國家認同上，多數民眾漸趨一致，明顯有穩定的主流民意：我們是台灣人，台灣是一個主權獨立的國家，國號是中華民國，與中華人民共和國互不隸屬，未來台灣的前途，應由台灣的二千三百萬人自行決定，此乃現階段台灣人民的最大共識。但相對於台灣的政治變化，對岸的中國仍維持威權體制的國家機器，甚至憑藉著高成長的經濟力，中共政權更形穩固，也更有實力威脅、影響台灣。兩岸相互開放交流以來，進展快速，尤其是中國成為台灣最大的貿易夥伴後，台灣與中國的各式交流更加密切，在中國對台灣有企圖的情況下，台灣與中國的政治關係必然也會愈趨複雜。

〔當前問題〕

儘管台灣人民對於兩岸政治定位有明顯的主流態度，認定台灣與中國分別為兩個互不隸屬的國家，當前執政者明知，卻意圖扭轉，一再宣示兩岸為一個國家兩個地區，對岸的中共也無視台

灣民意，要把台灣鎖進一個中國的框架中。然而，台灣的憲政民主成就有目共睹，珍惜並捍衛台灣自由、民主、開放的生活方式已是最大的台灣共識，兩岸交流也應以民主為基石。因此，台灣人民對兩岸定位的主流民意，如何免於中共的威脅，如何在台灣的民主體制下獲得確保，是當前最嚴肅的課題。進一步，台灣與中國的交流，如何擺脫少數人的操控，創造正面、健康的互動關係，台灣的對中政策，如何避免與主流民意脫鉤，如何能符合台灣最多數人的最大利益，都是迫切需要克服的問題。

〔主張與對策〕

一、台灣與中國的關係定位，必須尊重台灣全體住民的意志與民主決定，任何個人、政黨或其他國家的片面主張都無權否定。

二、在全球化的潮流下，兩岸交流是必然的趨勢，本黨應該積極自信參與兩岸交流，包括智庫與地方執政縣市的城市交流。

三、兩岸的交流，不得傷害台灣的主權與安全，必須能確保台灣自由、民主、開放的生活方式，應該積極凝聚台灣內部的共識做為兩岸對話的基礎。

四、兩岸協商應謹守民主程序與資訊透明原則，應制訂「兩岸協議監督條例」，除納入風險評估及利益迴避機制外，更應有公民聽證程序，以確保任何兩岸協議均能符合台灣的最大利益。

五、兩岸交流必須有更進步的思維，尤其是促成雙方在自由民主、人權保障、生態維護、公民社會的提升等，應該有積極的作為。

參、強化優勢、共享利益與平衡發展的經濟戰略

〔基本情勢評估〕

當前台灣同時面臨全球化、區域主義盛行，以及中國經濟崛起三大衝擊，對中經濟戰略必須放在台灣對外總體戰略下來思考，目的在確保台灣主體性並促進經濟產業的平衡發展。中國經濟逐漸轉型，從藉由大量投資與出口導向的成長模式，轉為倚重國內消費市場，此一趨勢正深刻影響兩岸經貿的型態與內容。未來，兩岸經貿關係的演變，雙向投資將成為關鍵，如何與台灣的產業政策相容，並且妥善規範資本所衍生的政商關係，將是台灣無可迴避的挑戰。

〔當前問題〕

近年來，台灣經濟表現不佳，主要病灶在於國內投資動能不足，以代工出口為主的經濟成長模式面臨瓶頸。早期兩岸的產業垂直分工體系，也隨著中國經濟的發展逐步瓦解，目前兩岸產業

競爭已明顯大過互補程度。過去台灣一再期待根留台灣，現在卻演變成產業空洞化、GDP與國內生產活動脫節、失業率居高不下、薪資水準倒退、貧富差距擴大等後遺症，特別是中國透過國家力量補貼與扶植包括面板等特定產業，更讓台灣企業受到嚴重衝擊。

從一九九〇年代以來，台灣不具比較利益的部分傳統產業，以及適合做跨國佈局的電子資訊高科技產業，陸續大舉外移到中國，並由投資帶動貿易，導致中國從二〇〇〇年起成為台灣最大的出口市場。出口市場過度集中與電子資訊產業一枝獨秀同時發生，台灣對外經貿傾斜其實與內部產業的失衡密切相關。

隨著世界貿易組織（WTO）多邊談判陷入困境，區域主義與自由貿易協定（FTA）盛行，台灣卻由於中國刻意杯葛而被排除在外。台灣以往在政治與外交領域方面被孤立，但FTA風潮則進一步讓台灣的對外經貿拓展也處於不利的局面。尤其是，在台灣只能與中國發展兩岸經濟架構協議（ECFA），卻不能與重要經貿夥伴簽訂FTA的情況下，台灣經濟將加速邊緣化，並且日益以中國為核心。

近來，中國政府的影響力已經有系統、有組織的深入台灣社會各階層，尤其是以國營企業為主的中資來台，往往並非純粹商業考量，除了國安問題之外，台灣也必須慎防日積月累的商業文明與社會基礎受到侵蝕。

〔主張與對策〕

一、台灣的最高經濟戰略應以發揮制度優勢，以及提高就業與創新能力為目標。保持差異與技術領先，才能確保台灣在兩岸經濟整合中的主體性與優勢地位。

二、因應中國經濟轉型與內需市場快速成長，台灣應積極發展自有品牌與消費產品，以提升商品及勞務的附加價值、促進產業結構多元分散，並提高台灣因應中國景氣循環的調整能力。

三、兩岸經貿交流的成果應由全民共享，政府尤應扮演「共同價值的守護者，不同利益的平衡者」，透過社會安全體制扶持經貿自由化的弱勢者，加大台灣面對自由化與外部衝擊的緩衝空間。

四、台灣應持續檢視兩岸各項經濟協議的內容與成效，尤其是ＥＣＦＡ及包括服務貿易、貨品貿易與爭端解決等後續協議的洽簽，更應符合互惠與透明等國際規範，降低台灣企業因兩岸規模與制度差異所面臨的不利因素。兩岸協議應納入規範不公平貿易行為與國營企業的專章，並要求中國強化對台灣智慧財產權的保護，以促進公平競爭。

五、ＥＣＦＡ已讓兩岸經貿關係遠離多邊體系，而往更緊密的雙邊關係發展，台灣應以既有的經濟協議為基礎，積極尋求與重要經貿夥伴洽簽ＦＴＡ，尤其是跨太平洋夥伴

（TPP）與區域全面經濟夥伴（RCEP）兩大區域貿易協定，以維持對外經貿關係平衡發展。

肆、自由人權與經濟發展並重的兩岸公民社會交流

〔基本情勢評估〕

隨著全球化經濟秩序的成形，兩岸經貿、社會、文化交流日漸密切，雙方人員往來也日趨頻繁。以兩岸旅遊為例，台灣每年到中國旅遊人數已超過五百三十萬人，中國人到台灣觀光、從事交流的人數，去年也達二百五十萬人，因兩岸通婚在台定居的陸配人數也已超過三十萬人；兩岸貿易金額，則從一九九九年〈台灣前途決議文〉制定時的七十一億美元，大幅成長為二〇一二年的一千二百一十六億美元。

另一方面，中國自改革開放以來，雖然在經濟發展上取得重大進展，但相應的政治改革並未出現，以至於中國的公民社會雖已隱然成形，但在中共當局高壓維穩之下，生存空間受到相當大的侷限。影響所及，兩岸之間的交流也在中共當局有系統、有組織、有目的主導下，不但被扭曲，並限縮在政治及經濟領域，而且在缺乏兩岸公民社會之間有意義的連結與互動下，反過來侵蝕、破壞台灣自由、民主、開放的生活方式。

〔當前問題〕

中國經濟高速發展的核心是權貴資本主義，其仰賴政治權力壟斷，將經濟利益分配到少數權貴集團，目前也與國民黨舊有的威權國家資本主義相結合，也因此兩岸經濟越整合，越將呈現出國民黨威權復辟與中國權貴資本主義同時發生的現象，包括：系統性貪污與尋租、貧富差距加劇、社會階層擴大而流動減緩、勞動人權惡化、自然環境破壞等。

自由與人權是台灣社會的主流價值，是本黨創黨以來最重要的核心價值，也是我們能領導台灣社會的力量所在。然而，在自由人權已經成為台灣共識的時候，台灣人民的自由生活卻因為中國透過經濟力量滲透進台灣社會，逐步改變台灣人民的生活方式，從而在潛移默化中限縮台灣人民的政治選擇，這就是所謂的「中國因素」。香港被逐步滲透吸收的經驗，為這個中國因素下了最好的註腳。為了防止中國因素對台灣自由民主生活方式的侵蝕，改善當前兩岸交流失衡的缺失，並在與中國互動的同時，確保台灣的自由、民主，已經成為現階段兩岸公民社會交流與互動最迫切的課題。

〔主張與對策〕

一、為避免兩岸經貿往來被少數人壟斷，台灣應努力建構一個強調自由民主與分配正義的台灣新公民社會。為達成此一目標，台灣應進一步深化民主理念，並以此跟中國政府，特別是中國庶民社會交流；在經濟上，台灣應該以積極提升庶民的福祉為主要考量。

二、台灣應從根本上建構更平等的普及式社會權。本黨更應在台灣民主深化過程中與台灣公民社會發展更具深層意義的夥伴關係，將自由、人權與分配正義從政治層面貫徹到社會各層面，有效改革台灣社會，才能在進一步的實質交流中，創造兩岸三地的新格局。

三、台灣應透過對香港及中國公民社會的關注，積極與各類型非政府組織或個人，以平等、開放的態度，彼此多方面理解與交流，分享台灣的民主歷程、轉型正義、環境保護、社區營造、宗教組織等經驗，並積極關心中國民主與人權發展，讓兩岸三地公民社會的力量匯聚，以發揮台灣對促進中國民主化的「燈塔效應」。

四、兩岸交流與協議洽簽，應以聯合國《公民與政治權利國際公約》及《經濟、社會與文化權利國際公約》為原則，以打破國共平台與兩岸政商集團對兩岸關係的壟斷，確保基本人權、就業及勞動條件、公共衛生與環境保護、農工及中產階層的權益。

五、台灣應在國家安全、社會承載無虞以及制度完善配套的前提下，透過對法令的逐步檢討與修正，營造一個讓陸配、陸生、與陸客，尊嚴生活、健康學習及平安旅遊的友善環境，使其成為支持民主台灣的最佳夥伴。

伍、外交、國防與兩岸關係均衡並重的國家安全戰略

〔基本情勢評估〕

中國整體國力大幅提昇，在經濟成長支撐下，外交與軍事實力逐漸強大，國際影響力與日俱增。在亞太地區，隨著美中兩國國力差距日漸拉近，區域權力結構正浮現美中雙重領導體系。歐巴馬政府提出「再平衡」戰略，強化與亞太各國在政治、軍事與經濟上的合作，共構和平穩定的安全環境，以降低朝鮮半島、東海、台海與南海各可能衝突熱點的緊張情勢。中國則針對釣魚台與南海，加強周邊海空域的軍事活動與演訓，二〇一三年十一月更劃設東海防空識別區引發區域緊張，中國顯不再韜光養晦。目前，中國正積極推動和美國建構新型大國關係，並劃定包括台灣在內的核心利益勢力範圍，要求美方不得介入，並停止對台軍售。無論中國國力是否能持續成長，均將對區域與台海安全環境帶來嚴重衝擊。

台灣位處第一島鏈樞紐，地緣戰略重要性自不待言。二〇一三年十月，美國國務院更期許台灣在跨國議題上能扮演區域領導者的角色，更凸顯台灣在美國再平衡戰略中可以扮演的角色。因此，強化與周邊民主國家的連結，維持台海兩岸的和平良性互動，善盡維護區域安全穩定的責任，是台灣國家安全戰略的核心。

〔當前問題〕

當前政府國家安全戰略最大問題在於過度依賴與中國關係，造成國安戰略失衡。馬政府的兩岸關係高於對外關係位階，呼應中國的「一中框架」，漠視國防外交使兩岸軍力失衡擴大，讓中國對台戰略由反獨轉為促統。而當前政府多次表態兩岸關係非國際關係，將使台灣自絕於國際大戰略棋盤之外，排除友邦支援的正當性；推行外交休兵，以期待中國善意的外交以及與中國協商的國際參與，也弱化了台灣主權與台灣人民的國際參與權利，並逐步讓台灣的國際參與兩岸化。

〔主張與對策〕

一、台灣的國家安全戰略應建立在自由、民主、人權等價值認同上，並從全球與區域的視野來看待中國議題，兩岸關係發展不應妨礙台灣的國際地位，兩岸關係應以國防外交為後盾。台灣應與中國發展和平穩定、共存共榮關係，雙方都負有維持區域和平的責任。

二、台灣是新興民主國家的榜樣，應積極參與國際組織與活動，強化與邦交國的關係，並深化與民主先進國家的夥伴關係。台灣對外關係應以價值外交為主軸，結合自由、民主、人權等普世價值與台灣在良善治理方面的經驗，透過軟性國力、跨國組織、城市外交、災難救助等多元彈性方式，積極與國際接軌，讓台灣的永續存在成為國際社會與中國民眾有所期待的正面資產。

三、台灣追求和平與安全的環境，積極建構區域性危機預防機制，維持區域穩定。台灣必須強化自我防衛的決心與能力，以避免中國的誤判與軍事冒進。台灣無意與中國進行軍備競賽，但中國迄今仍不斷加強犯台的軍事準備，因此台灣的國防預算必須提高，以建置不對稱戰力為優先，重建人民、國軍與友邦對台灣國防的信心。

附錄三

新世界觀下的民進黨兩岸政策

柯建銘（民進黨立法院總召）
二〇一三年十二月二十六日

本黨中國事務委員會已運作多時，其核心課題就在於本黨的兩岸政策，尤其是對中國大陸交往政策究竟為何？我認為必須產生有意義且有實質效果的共識決議，以利本黨重返執政。南方朔先生出席本黨華山論壇時曾提及期待本黨兩岸政策應講求多方折衷、可執行、拿得出去、講得通，才叫做政策，而不是只拿出正義感，可為參考座標。是以本黨兩岸政策調整應著重如何有效說服中國、美國暨國際社會，以及台灣內部主流民意為何？以此為基礎形塑整合黨內及台灣內部共識。

回顧歷史，本黨執政時期並非沒有尋求過兩岸和解方案。陳前總統剛上任即提出四不一沒有主張，第一任期內嘗試成立跨黨派兩岸小組，提出「共同處理未來一中」、「兩岸政治統合」、「不排除未來與中國大陸發展任何形式的關係」等，第二任期後嘗試與宋楚瑜先生推動扁宋會，進行民進黨與親民黨合作，欲委託宋先生擔任兩岸和平發展委員會主委，代表陳前總統與大陸方面談判尋求建立兩岸和平穩定互動架構，陳前總統當時甚至說出「法理台獨做不到就是做不到」，但是為何皆鎩羽而歸？當然我們可能必須回過頭來檢討，問題可能出在民、共之間並無所謂互信存在，這當然是本黨若要再尋求執政必須加以重視與化解的課題。

就中、美雙方及國際社會的認知而言，本黨台獨黨綱才是民、共雙方來往的障礙，蘇起及沈富雄出席本黨華山論壇時都曾經提醒民、共互信關鍵點在於「不獨」，當時我回應蘇起先生：「民進黨現在已經很少有人在講台獨了。」我以為台獨黨綱是當年特定歷史時期為反對國民黨專制統治而提出的，國民黨戒嚴統治時期將黨外人士、共產主義者與台獨人士列為「三合一」敵人共同打壓，而在黨外運動時期主張台獨其實是主張言論自由的表現與延伸，當台灣已經民主化，台獨不再是一種禁忌而是可以公開倡議的政治立場之時，是否有必要再將台獨黨綱視為緊抱不放的教條，確實是可以討論與商榷的。

誠如本黨蘇貞昌主席日前所言：「現階段最重要是建設國家，不是回頭搞台獨」，蔡英文前主席近日於新加坡演講也指出：「必須致力維持兩岸的和平及共榮發展」，美國也多次公開表示反對海峽兩岸任何一方單方面改變兩岸現狀。我也認為在今天的國際、兩岸和台灣社會主流民意大環境下，本黨堅持台灣主體性與社會核心價值不變，沒有必要再回過頭去搞台獨。台獨黨綱既然已經完成階段性的歷史任務，我也建議本黨考慮正式宣告凍結台獨黨綱，告別舊時代，為本黨兩岸政策形塑新時代的世界觀與格局。

重返執政是本黨最大目標，欲達此目標，本黨必須向選民、對岸和國際社會展現有處理兩岸關係的能力。我們要積極塑造和平、與時俱進、理想務實的形象，我們也贊成、樂見兩岸關係和平發展，肯定和鼓勵兩岸交流對話，並深切期待建立兩岸共同價值觀，為引領下一世代開創新思維與新模式。

（本文謹代表柯建銘委員個人意見）

人與土地03

面對：民進黨菁英的兩岸未來

主　編—童振源、李曉莊
執行主編—湯宗勳
特約編輯—葉冰婷
美術設計—林彥谷
執行企劃—劉凱瑛
董事長—趙政岷
總經理
總編輯—余宜芳
出版者—時報文化出版企業股份有限公司
10803台北市和平西路三段二四〇號四樓
發行專線—（〇二）二三〇六六八四二
讀者服務專線—〇八〇〇二三一七〇五
（〇二）二三〇四七一〇三
讀者服務傳真—（〇二）二三〇四六八五八
郵撥—一九三四四七二四時報文化出版公司
信箱—台北郵政七九～九九信箱
時報悅讀網—http://www.readingtimes.com.tw
電子郵箱—history@readingtimes.com.tw
法律顧問—理律法律事務所　陳長文律師、李念祖律師
印　刷—勁達印刷有限公司
初版一刷—二〇一五年四月十日
定價—新台幣三二〇元

國家圖書館出版品預行編目資料

面對：民進黨菁英的兩岸未來 / 童振源 李曉莊 主編.
-- 初版. -- 臺北市：時報文化, 2015.04
面； 公分.

ISBN 978-957-13-6252-6(平裝)

1. 民主進步黨　2. 兩岸政策

573.09　　104005417

ISBN 978-957-13-6252-6
Printed in Taiwan